MIX
Papier aus verantwortungsvollen Quellen
Paper from responsible sources
FSC® C105338

Sören Friedrich

Luther und die Gnade

Eine Betrachtung des
Gnadenverständnisses
im Kontext der
reformatorischen Wende

Bachelor + Master
Publishing

Friedrich, Sören: **Luther und die Gnade: Eine Betrachtung des Gnadenverständnisses im Kontext der reformatorischen Wende,** Hamburg, Bachelor + Master Publishing 2013
Originaltitel der Abschlussarbeit: Luthers Gnadenverständnis im Kontext der reformatorischen Wende

Buch-ISBN: 978-3-95549-154-3
PDF-eBook-ISBN: 978-3-95549-654-8
Druck/Herstellung: Bachelor + Master Publishing, Hamburg, 2013
Zugl. Johann Wolfgang Goethe Universität, Frankfurt am Main, Deutschland, Staatsexamensarbeit, Dezember 2012

Bibliografische Information der Deutschen Nationalbibliothek:
Die Deutsche Nationalbibliothek verzeichnet diese Publikation in der Deutschen Nationalbibliografie; detaillierte bibliografische Daten sind im Internet über http://dnb.d-nb.de abrufbar.

Das Werk einschließlich aller seiner Teile ist urheberrechtlich geschützt. Jede Verwertung außerhalb der Grenzen des Urheberrechtsgesetzes ist ohne Zustimmung des Verlages unzulässig und strafbar. Dies gilt insbesondere für Vervielfältigungen, Übersetzungen, Mikroverfilmungen und die Einspeicherung und Bearbeitung in elektronischen Systemen.

Die Wiedergabe von Gebrauchsnamen, Handelsnamen, Warenbezeichnungen usw. in diesem Werk berechtigt auch ohne besondere Kennzeichnung nicht zu der Annahme, dass solche Namen im Sinne der Warenzeichen- und Markenschutz-Gesetzgebung als frei zu betrachten wären und daher von jedermann benutzt werden dürften.

Die Informationen in diesem Werk wurden mit Sorgfalt erarbeitet. Dennoch können Fehler nicht vollständig ausgeschlossen werden und die Diplomica Verlag GmbH, die Autoren oder Übersetzer übernehmen keine juristische Verantwortung oder irgendeine Haftung für evtl. verbliebene fehlerhafte Angaben und deren Folgen.

Alle Rechte vorbehalten

© Bachelor + Master Publishing, Imprint der Diplomica Verlag GmbH
Hermannstal 119k, 22119 Hamburg
http://www.diplomica-verlag.de, Hamburg 2013
Printed in Germany

„Es ist vollbracht!"

(Jesus Christus in Joh 19,30)

Inhaltsverzeichnis

1. Einleitung 1
2. Eine Definition der Gnade 5
3. Theologie Luthers in den Frühschriften 7

    3.1 Luthers frühes Gottesverständnis 7

    3.2. Das frühe Promissioverständnis im Zusammenspiel mit Demut und Glauben 8

    3.3 Das Gericht 11

    3.4 Luthers früher Schriftzugang 12

    3.5 Die Selbstkasteiung und der Kampf gegen das sündige Fleisch 12

    3.6 Die guten Werke 15

    3.7 Der Gedanken vom extra nos in der Römerbriefvorlesung 17

    3.8 Die frühe Betrachtungsweise von Römer 1,17/18 18

    3.9 Simul iustus et peccator 20

4. Erstes Zwischenfazit 22
5. Die reformatorische Wende 24

    5.1 Das Reformatorische in der Lehre Luthers 24

    5.2 Zeitliche Einordnung der reformatorischen Wende und Augustins Einfluss auf Luther 25

6. Theologie des späteren Luther 27

    6.1 Luthers späterer Zugang zur Heiligen Schrift 27

    6.2 Die spätere Betrachtungsweise von Römer 1,17/18 31

    6.3 Disputation über des Menschen Vermögen und Willen ohne die Gnade von 1516 34

    6.4 Sermon von der zweifachen Gerechtigkeit von 1518 36

    6.5 Die Hebräerbriefvorlesung (1517/1518) 37

        6.5.1 Christus als Hoherpriester 46

6.5.2 Schriftzugang im Hebräerbrief 47

6.6 Heilsgewissheit durch Glauben 48

6.7 Disputation zur Erforschung der Wahrheit und zum Trost der angefochtenen Gewissen (1518) 49

6.8 Luthers Gnadenverständnis im Galaterkommentar (1519) 52

7. Fazit 54

8. Abschluss 58

Literaturverzeichnis 60

Primärliteratur 60

Sekundärliteratur 60

Onlinequellen 61

1. Einleitung

Es ist diese uralte und schon so oft gehörte Geschichte aus dem Lukas-Evangelium, der die Grundthematik dieser Erarbeitung so pointiert formuliert wie kaum eine andere. Sie handelt von einem sehr wohlhabenden Vater, welcher zwei Söhne hatte. Tragischerweise kennen diese ihren Vater gar nicht richtig, ihre Beziehung scheint distanziert, Austausch findet kaum statt und so beschließt der Jüngere von ihnen die Sachen zu packen und das Heim zu verlassen. Zuvor holt er sich aber noch sein Erbe ab, was der Vater ihm auch ohne weiteres aushändigt. Die erste Zeit scheint für den Ausreißer gut zu verlaufen. Mit dem Geld erfüllt er sich alle Wünsche; er lebt in Saus und Braus und merkt erst spät, das ihm die Finanzen so langsam knapp werden. Schließlich ist er bankrott, alles hat er verprasst, nichts bleibt ihm mehr. Er leidet große Not und wendet sich an einen Bauern. Bei ihm findet er zumindest eine Anstellung als Schweinehirte, der fürchterlichsten und verunreinigendsten aller Arbeiten und zur täglichen Verpflegung reicht es trotz aller Schufterei immer noch nicht. In seiner Verzweiflung begehrt er sogar von den Schoten der Schweine zu essen, doch selbst diese werden ihm verwehrt. Nun denkt er an die früheren Tage zurück, als es ihm noch gut ging und er keinen Mangel kannte. Sogar den Tagelöhnern seines Vaters geht es so gut, dass sie im Überfluss leben können, denkt er sich. Ob er es wagen solle, zurück zum Vater zu gehen? Er könnte ihm anbieten, für ihn als Sklave zu arbeiten und natürlich würde er sich entschuldigen für sein Versagen. Ja, wie ein Versager, so fühlte er sich jetzt. Es gab nichts, worauf er noch stolz sein konnte. Er hatte alles ruiniert, er war am Ende. Und er fürchtete sich schrecklich, so vor seinen Vater zu treten. Doch als Alternative wäre ihm wohl nur der Hungertod geblieben und so machte er sich schweren Schrittes auf in die Heimat. Von Weitem hatte sein Vater täglich nach seinem Sohn Ausschau gehalten und als er ihn schließlich am Horizont erblickte, da konnte er nicht anders, als ihm vor lauter Freude entgegenzulaufen. Der Sohn war irritiert, versuchte sich noch zu entschuldigen. Er war überwältigt von der Freundlichkeit, der Gnade, mit welcher sein Vater ihm begegnete. Vor Überschwang über die Heimkehr, beschenkte der Vater seinen Sohn mit dem besten Gewand, einem Ring und Sandalen sowie einem gemästeten Kalb. Der Vater war so überglücklich, dass er sofort ein rauschendes Fest feiern ließ.

Wenig später erfuhr der ältere Sohn von den neuen Ereignissen. Er war fassungslos und tief gekränkt. Wie konnte der Vater seinen jüngeren Bruder nur so beschenken, dies hatte er doch niemals verdient, das gesamte Erbe hatte er verschleudert. Er dagegen hatte viele Jahre treu und ergeben gedient, aber niemals auch nur ein Böckchen erhalten, um mit seinen Freunden zu feiern. Als der Vater die Reaktion des älteren Sohnes erfuhr, erwidert er einen sehr bemerkenswerten Satz: „Kind, du bist allezeit bei mir, und alles, was mein ist, ist dein. Aber man muss doch jetzt fröhlich sein und sich freuen; denn dieser dein Bruder war tot und ist wieder lebendig geworden und verloren und ist gefunden."[a]

Ich habe diese Geschichte ausgewählt, weil sie wunderbar das Thema dieser Arbeit verdeutlicht - die Gnade . Der jüngere Sohn macht in diesem Gleichnis alles falsch; verunglimpft nicht bloß sein eigenes Leben, sondern vergeudet auch noch das Erbe des Vaters. Doch weil er seine Fehler einsah, überschüttete der Vater ihn mit Barmherzigkeit. Da war kein Vorwurf, keine Anklage; stattdessen nur Annahme und Gnade. Auf der anderen Seite der ältere Sohn, der diese Gnade immer hätte haben können, doch verkannte er sie Jahr um Jahr und statt sich der Segnungen des Vaters zu erfreuen wurde er zunehmend bitterer.

Zwischen der Situation des jüngeren Sohnes und Martin Luther gibt es erstaunlich viele Parallelen. Zwar läuft Luther nicht vom Vater (Gott) fort, aber hat auch er zunächst ein eher negativ geprägtes Bild von ihm, wie es ebenso beim jüngeren Sohn gewesen sein muss, da er sonst kaum ausgerissen wäre. Gemeinsam ist beiden außerdem ein entscheidendes Erlebnis, welches ihr Leben schlagartig positiv verändert, da sie fortan ihren Vater mit anderen Augen sahen.

---

[a] Es handelt sich um eine freie und ausgeschmückte Nacherzählung von Lk 15,11-32

Das Thema dieser Wissenschaftlichen Hausarbeit ist „Luthers Gnadenverständnis im Kontext der reformatorischen Wende". Mir in meiner Arbeit soll es darum gehen, welche Vorstellung Luther von der Gnade im Laufe derjenigen Zeit entwickelte, in der die sogenannte reformatorische Wende angesiedelt wird. Es geht um die Untersuchung, wie sehr Luthers Denken in diesen Jahren bereits von Gnade geprägt oder in welchem Maße er den Begriff Gnade verstanden hatte. Auch geht es darum festzustellen, wo genau Verschiebungen sichtbar werden. Eng verwoben ist dieses Thema mit dem Gottesbild, wie Luther Gott sieht und damit, wie er annimmt, dass Gott ihn oder den Menschen ganz allgemein betrachtet. Gnade steht bei Luther im dichten Zusammenhang mit den drei weiteren der vier sogenannten „Solus", nämlich Christus, der Heiligen Schrift und dem Glauben. Unabdingbar wird es daher sein, auch hierauf ausführlich Bezug zu nehmen.

Mir geht es insbesondere darum zu vergleichen, wie sich Luthers Verständnis der Gnade innerhalb weniger Jahre, also etwa zwischen 1513 bis 1520, maßgeblich änderte.

Vorrangig stütze ich meine Erarbeitungen auf den Band 1 von „Luther deutsch – Die Werke Martin Luthers in neuer Auswahl für die Gegenwart", herausgegeben von Kurt Aland von 1969.

Die Struktur der Arbeit ist so konzipiert, dass ich zunächst eine sachliche Definition der Gnade vorwegstelle, anhand dieser sich Luthers Erkenntnisstand zu den jeweiligen Zeitpunkten während der reformatorischen Wende bestimmen lässt. Die Zeitpunkte werden zunächst grob in frühes und spätes Verständnis geteilt. Für die „frühere Zeit" betrachte ich Luthers Schriften „Erste Vorlesung über die Psalmen 1513/1515" sowie die „Vorlesung über den Römerbrief 1515/1516".

Zum späteren Verständnis untersuche ich insbesondere Luthers „Vorlesung über den Hebräerbrief 1517/18" und betrachte zusätzlich die „Disputation über des Menschen Vermögen und Willen ohne die Gnade 1516", den „Sermon über die zweifache Gerechtigkeit 1518", die „Disputation zur Erforschung der Wahrheit und zum Trost der erschrockenen Gewissen 1518", sowie den „Galaterkommentar" von 1518.

Anhand dieser Schriften sollen diese beiden Zeitabschnitte also etwa 1513-1516 sowie 1516-1521 miteinander verglichen werden. Die Überlappung der Zeitspannen verdeutlich sehr gut, dass sich Luther in einem Wandel, ja in einem Prozess, befand, der sich trotz eines einschneidenden Erlebnisses nicht sofort vollkommen änderte.

Es soll herausgearbeitet werden, inwieweit sich Luthers Thelogie in Bezug auf die Gnade veränderte.

Zu Beginn dieser Erarbeitung soll eine Definition des Gnadenbegriffs aus der Zusammenstellung mehrerer theologischer Wörter- und Fachbücher zusammengetragen werden.

Eine rein sachliche Begriffsbestimmung öffnet die Augen für die Entfernung, aus welcher Luther zu bestimmten Zeitpunkten während der reformatorischen Wende die Gnade betrachtet hat. Hier wird es darum gehen, genauer hinzusehen. Als herausragender Theologe seiner Zeit war ihm der Gnadenbegriff als solcher freilich niemals unbekannt, auch lange vor der eigentlichen Erkenntnis nicht. Mit dem Wendepunkt veränderte sich aber seine Betrachtungsweise, d.h. seine Theologie und dementsprechend seine Vorstellung von Gnade beträchtlich.

Nach der Begriffserklärung möchte ich auf die Theologie Dr. Martin Luthers in den Jahren 1513 - 1516 zu sprechen kommen[b]. Danach nehme ich auf die Reformatorische Wende Bezug und versuche zu klären, worin das eigentlich Reformatorische zu finden ist. Außerdem soll eine zeitliche Einordnung vorgenommen werden.

Anschließend widme ich mich, vergleichend zur „Frühtheologie" der Theologie des Reformators aus den Jahren 1516 – 1521. Wobei ich überwiegend beim Hebräerbrief aus 1517/18 verharren werde. Im Schlussresümee möchte ich Luthers verschiedene Ansätze mit der im Anfang dargelegten Definition von Gnade in Bezug setzen, um somit herauszuarbeiten, wie nah er ihr am Ende der reformatorischen Wende um 1521 gewesen ist.

---

[b] In wissenschaftlichen Arbeiten ist es üblich, Zitate mit Rechtschreibfehlern mit einem eingeklammerten "[sic!]" zu kennzeichnen. Hierauf möchte ich allerdings beim zitieren von Luther Äußerungen verzichten, da diese aus einer anderen Zeit stammen und demzufolge gar nicht der aktuellen Schreibweise unterliegen können.

2. Eine Definition der Gnade

Nach dem Theologen Otto Hermann Pesch beschreibt Gnade eine unverdiente, unverhoffte sowie „unbegreifliche Zuwendung der Liebe Gottes zum Menschen, die diesen zum Heil in der Lebensgemeinschaft mit Gott führt, indem sie sich selbst aufdeckt und befreiend überwindet.[1]" Sie ist Kennzeichen und Ausdruck der Wertschätzung Gottes gegenüber der Menschheit und sie ist gewissermaßen nach neutestamentlichem Zeugnis die Wirklichkeit Gottes selbst.[2]

Das Merkmal des Unverdienten ist bei weitem kein Nebenkriterium, da sich an ihm - wie später zu sehen sein wird – der reformatorische Gedanke Luthers entzündet. Einzig und allein ungerechtfertigt kommt die Gnade zur Entfaltung. Wenn der Mensch aus sich heraus versucht, sie zu erwirken, so muss dies zwangsläufig scheitern, da die Gnade immer nur als Geschenk von Gott gegeben wird. Gottes Zuwendung, seine Gnade, zeigt sich immer freiwillig. Er gibt und tut es, weil es seinem Wesen entspricht, nicht weil ein menschliches Anrecht vorliegt.

Wie in 'Neues Handbuch der theologischen Grundbegriffe' nachzulesen ist, ist der Umfang der Gnade für den Menschen unbegreiflich, denn obgleich dieser von der 'Liebe Gottes' spricht, so hat er doch nur eine sehr begrenzte Vorstellung von der Größe und dem Gewicht dieser Worte, auch wenn ihm bewusst ist, dass sich Gottes Liebe im Kreuzestod seines Sohnes offenbart. Gnade wird mit dem Ziel gegeben, den Menschen in eine Lebensgemeinschaft zwischen Gott und den Menschen zurückzuführen. Dabei muss die Gnade unbedingt den Charakter der Freiwilligkeit beibehalten. Ob sie angenommen oder abgelehnt wird, entscheidet letztlich der Mensch selbst.

---

1 O.H. Pesch: Art. „Gnade als theologischer Grundbegriff", in: Neues Handbuch theologischer Grundbegriffe, 255.
2 O.H. Pesch: Art. „Gnade als theologischer Grundbegriff", in: Neues Handbuch theologischer Grundbegriffe, 255.

> „In gleicher Weise, wie die Gnade Gottes ein exklusives Geschenk an den Menschen ist, gilt umgekehrt, daß die Gnade Gottes den Menschen nicht übergeht, ihn gleichsam vergewaltigt, sondern seine Person berücksichtigt und damit auch ablehnbar bleibt."[3]

Wäre dies nicht gegeben, so hieße Gnade letztlich Zwang.

Andererseits ist das gnädige Zuwendungshandeln Gottes nicht durch einen auf Recht und Gehorsam basierendem Bundesvertrag begründet, sondern in seinem liebenden Willen. Gott selbst „tritt in seiner Gnade dem Menschen nicht als bloßer Bundespartner gegenüber, der auf seinem Recht besteht, sondern als der Begründer dieses Bundesverhältnisses, welches zwar durch den Menschen auf das Gröbste verletzt wurde, nun aber , der unbedingten, grenzenlosen Liebe des Schöpfers zu seinem Geschöpf wegen, außer Kraft gesetzt wird, um dem Rettungs- und Erlösungshandeln Gottes Platz und Raum zu geben."[4]

Schlussendlich ergibt sich, dass die Definition der Gnade völlig identisch mit der Botschaft des christlichen Glaubens ist. Ein Weglassen der Gnade in der Theologie, würde gleichfalls bedeuten, auf Evangelium, Glauben und auf christliche Verkündigung überhaupt zu verzichten. Manifest wird Gnade im Evangelium ganz konkret an der Person Jesus Christus. Dessen Tod und Auferstehung sind der Erweis der Gnade Gottes, welcher der gesamten Menschheit zugekommen ist und mit seinem Handeln hat er ihr stellvertretend das Heil erwirkt.[5]

Ebenso argumentiert auch „Religion in Geschichte und Gegenwart", die die beiden theologischen Leitbegriffe Liebe und Gnade gleichsetzt, welche sich in Gottes Rettungsakt mit der Opferung seines Sohnes Jesus vergegenwärtigen.[6]

---

[3] V. Gäckle : Art. „Gottes Geschenk und Gottes Wille", in: Evangelisches Lexikon für Theologie und Gemeinde, 782.
[4] M. Wriedt: Gnade und Erwählung, 69.
[5] Vgl. O.H. Pesch: Art. „Gnade als theologischer Grundbegriff", in: Neues Handbuch theologischer Grundbegriffe, 256-8.
[6] Vgl. D. Sänger (Vf.): Religion in Geschichte und Gegenwart, Bd 3, Tübingen 2000, 1026.

3. Theologie Luthers in den Frühschriften

3.1 Luthers frühes Gottesverständnis

Um das Jahr 1513 beginnt für Luther ein ganz bedeutender theologischer Umformungsprozess, der viele theologische Kernthemen wie Glauben, Rechtfertigung, Heilsgewissheit oder Demut betrifft. Grundlage dieser Themen ist Luthers Verständnis darüber, wie Gott selbst ist und wie der Mensch von Gott her gesehen wird. Diese Sicht Luthers ist letztlich ausschlaggebend für seine Auffassung der Gnade.

Bei der Lektüre der Frühschriften Luthers, wie der ersten Psalmvorlesung und der Vorlesung über den Römerbrief, wird der Leser (noch) in eine Atmosphäre von beständiger Unsicherheit und Angst hineingezogen. Gott ist für Luther zu jener Zeit völlig unberechenbar und sein Handeln ist ihm verborgen, so wie beim Theologen Oswald Bayer nachzulesen ist:

„Was Gott ist und was der Mensch ist, liegt derzeit noch im Ungewissen".[7]

Gott ist für Luther derzeit der Feind aller menschlichen Denkweisen, Vorlieben und Handlungen, die stets Zeichen ihrer Überheblichkeit und Egozentrik sind. Dabei hat Gott es sich zur Aufgabe gemacht, diese aus dem Menschen auszutreiben und ihn davon zu befreien. Offensichtlich ist, dass Luther eine beklemmende Furcht davor hatte, Gott nicht gefallen oder genügen zu können. Dies ist aus seinen Worten nicht zu übersehen, wie in jener Äußerung:

„Immer also müssen wir der Sünde fürchten, immer uns vor dem Angesicht Gottes anklagen und richten."[8]

Aus lauter Angst vor dem ewigen Höllenfeuer ist Luther in seinen Aussagen über den Ewigen mit kritischen Aussagen i.d.R. sehr zurückhaltend. Viel betont er seine Gerechtigkeit und Unantastbarkeit aber es ist ihm gleichwohl anzumerken, wie sehr er sich über Gottes

---
7 O. Bayer: Promissio. 340.
8 K.-H. Zur Mühlen: Nos Extra Nos. 59.

angebliche Hartherzigkeit ärgert. Wie später noch zu sehen sein wird, verweist Luther ausdrücklich auf den (blinden) Gehorsam, den Anweisungen Gottes aus der Schrift gegenüber.

Wie er Gott einzuschätzen habe, weiß Luther nicht so recht. Wenn er an seinen Charakter denkt, so kommen ihm viele entgegengesetzte Eingenschaften in den Sinn (Leben und Tod; Liebe und Hass; Lebensgewährung und Lebensversagung; böse und gut, sowie Unglück und Glück) die im Allgemeinen sowohl Gott als auch dem Teufel zugeschrieben werden. Gottes Wesen muss Luther daher schlussendlich unbegreiflich bleiben. Das Negative, das Dunkle und unendlich Ferne, was er an ihm sieht, sowie die Bedrängnis, die er bei ihm wahrnimmt, bereiten Luther Angst. Ungewöhnlich direkt wird Luther in einer dramatischen Formulierung, bei welcher er beschreibt, dass ihm ohne Christi Gott zum Feind, ja gar zum Dämon wird. Gott, so glaubt Luther, könne nicht er selbst sein, wenn er nicht im Voraus zum Teufel wird.[9 c]

3.2. Das frühe Promissioverständnis im Zusammenspiel mit Demut und Glauben

Es ist ersichtlich, wie sehr Luther darauf eingeht, mit welcher Haltung oder welchem Verhalten der Gläubige auf die Gnade hoffen kann. Dabei geht in seinen Argumentationen meist alles Bedeutende vom Gläubigen aus. Er „muss" dies oder jenes tun, er „muss" jene Einstellung haben, etc.

Dazu ist folgender Vers exemplarisch, weil er veranschaulicht, was vom Menschen erwartet wird, um der Rechtfertigung teilhaftig zu werden:

„Wer glaubt, d.h. wer sich selbst richtet, wird selig, d.h. wird nicht mehr gerichtet."[10]

---

9   Vgl. O.Bayer: M.Luthers Theologie, 2.
c   Luther stellte sich die Frage, wieso es den Teufel und demzufolge Böses in der Welt gibt, wenn doch ein guter Gott über alles die Macht habe.
    Dr.Theobald Beer: Anfang der Theologie Luthers.
    http://www.siewerthakademie.de/dokumente/8_Im_Ringen_um_die_Wahrheit.pdf (Abgerufen am: 15.10.2012)
10 O.Bayer: Promissio, 342.

Dieser Bibelvers mit seiner hinzugefügten Erklärung beschreibt das frühe Promissioverständnis Luthers. Er hebt die absolute Willensbekundung des Menschen hervor, welche sich durch Sündenbewusstsein, Bittgebet und Eigenanklage ausdrückt. Nur durch den Vollzug dieser Handlungen, darf der Mensch hoffen, einen barmherzigen Gott vorzufinden.
Noch fehlt es an der Gewissheit des Glaubens. Um das Heil zu erlangen wird gefordert, sich selbst völlig zu entäußern und sich aller weltlichen Vorlieben zu entledigen. Ob allerdings das Maß an Hingabe und Entsagung reicht, bleibt offen.

> „Kann aber der Sünder des Heils nur gewiß sein, indem er in unendlichem Regress via negationis auf sich selbst reflektiert, ist die Sündenvergebung identisch mit seinem Sündenbekenntnis, dann ist er des Heils faktisch gerade nicht gewiß." [11]

Von einer festen Gewissheit oder Zusage (promissio) kann mitnichten gesprochen werden, alles ist noch reichlich unsicher und diese Unsicherheit schimmert durch viele seiner Aussagen.
Auch die Buße des Gläubigen für all sein Fehlverhalten erwirkt vor Gott noch keinerlei Sicherheit. Eine Rechtfertigung kann nur erhofft werden. Ob sie wirklich eintrifft, hängt auch davon ab, inwiefern der Mensch zu täglicher Selbstverleumdung und Selbstanklage bereit ist.
Eine Rechtfertigung und damit einhergehende Heilsgewissheit allein aus Glauben, ist für Luther derzeit noch völlig undenkbar. Vielmehr käme ihm dann der Gedanke auf, die erlangte Sicherheit würde im Gläubigen Gleichgültigkeit und Lauheit im täglichen Kampf gegen die Sünde erzeugen. Ein solcher Frieden aber wäre trügerisch und könnte sich beim gerechtfertigten Menschen leicht in Stolz oder Übermut umschlagen. Unsicherheit und Unruhe sind für Luther zu jener Zeit alles andere als negative Begleiterscheinungen im Leben des Christenmenschen. Vielmehr sind sie sogar Kennzeichen eines wahren und echten Glaubens und sollen angestrebt werden.[12] Denn der wahre Christ befindet sich

---
11 O.Bayer: Promissio, 342.
12 Vgl. B. Lohse (Hrsg.) : Der Durchbruch der Reformatorischen Erkenntnis bei Luther, 15.

3.4 Luthers früher Schriftzugang

Eng verbunden ist dieser Zusammenhang auch mit dem Schriftverständnis Luthers zu jener Zeit. In ihr findet er bestätigt, dass der Sünder gerade in Tod, Gericht und Sünde Gottes Gnade erfahren kann und ihm Leben spendet. Darin, d.h. in Tod/Gericht/Sünde[f] erhält der Christenmensch durch die Schrift einen Zugang zu Hoffnung und Trost, die darin bestehen, ihm Zuversicht für das ewige Leben zu vermitteln und ihn für die hiesige Zeit zu ermutigen.

Zum jetzigen Zeitpunkt vernimmt Luther der Heiligen Schrift noch keine feste Zusage auf Heilsgewissheit. Er kann ihr noch kein Gnadenversprechen entnehmen, sondern zeigt dem Gläubigen, wo die Gnade zu finden ist und legt die oben beschriebene Kontrarität Gottes, dass Gott nur dem Sünder gnädig ist, dar.[17]

Weitere Gesichtspunkte des lutherischer Schriftzugangs werden in den Folgekapiteln erklärt, hierfür müssen zuvor aber noch andere Aspekte betrachtet werden.

3.5 Die Selbstkasteiung und der Kampf gegen das sündige Fleisch

Für Luther, so beschreibt er es in seiner ersten Psalmvorlesung, ist das Gericht bereits jetzt in der Welt. Dieses vollzieht sich dadurch, dass der HERR die Gläubigen vom Bösen absondert. Der alte Mensch, die alte Natur des Christen, soll hierbei täglich neu gekreuzigt und durch Zucht und Strenge gemaßregelt werden. „An der Seele aber vollzieht sich das Gericht durch Gnade".[18] Der Gläubige hat die Aufgabe sich immer wieder neu zu richten und selbst anzuklagen, denn er muss leer vor Gott sein,

---

f Sünde bedeutet hier: Sündenbewusstsein
17 Vgl. B. Lohse (Hrsg.) : Der Durchbruch der Reformatorischen Erkenntnis bei Luther, 26.
18 Vgl. K. Aland: Luther deutsch, 22.

verfolgt wird, gilt sie als rein. Eine Demut dagegen, die im Sinn hätte, aus sich heraus und aufgrund ihrer selbst Gott gefallen zu können, wäre keineswegs echt, sondern letztlich nur Mittel zum Zweck.

Treffend beschreibt Kroeger Luthers damaliges Glaubensverständnis wenn er sagt, dass ein echter Glaube ungewiss sein muss, damit Gott seine gnädige Rechtfertigung erweisen kann und Gott hierin einem solch demütig Glaubenden Gnade schenken wird. Dies, so Kroeger, sei in der Römerbriefvorlesung die unangezweifelte Voraussetzung für die Rechtfertigung.[15]

3.3 Das Gericht

In dieses Geflecht von Demut-Glauben-Ungewissheit muss auch notwendigerweise der Begriff 'Gericht' einbezogen werden. Luther versteht das Gericht als etwas überaus positives, sozusagen als den Ausdruck von Gottes Gnade, mit welchem er den Menschen von der durch und durch bösartigen Welt befreien möchte. Wie oben bereits beschrieben, begreift sich der Mensch als völliger Versager, der aus sich heraus zu nichts gutem fähig ist, voller eitler Gedanken und letztlich in seinem Denken und Handeln ein Werkzeug des Teufels ist. In diesem Geständnis darf der Gläubige schließlich auf Gottes Erbarmen hoffen.
Der Weg zur Erlösung führt dementsprechend nur über das (Selbst-) Gericht und ist insofern überaus gut, befreiend und rettend oder wie Lohse es erklärt:

> „Die Gnade heiße Gericht und Gerechtigkeit, weil sie den Glaubenden richtet und rechtfertigt. Sie tut dies, indem sie alles Unsrige als abscheulich und verdammlich enthüllt und so zur wahren Demut führt".[16]

---

15 Vgl. B. Lohse (Hrsg.) : Der Durchbruch der Reformatorischen Erkenntnis bei Luther, 19.
16 B. Lohse (Hrsg.) : Der Durchbruch der Reformatorischen Erkenntnis bei Luther, 3.

3.4 Luthers früher Schriftzugang

Eng verbunden ist dieser Zusammenhang auch mit dem Schriftverständnis Luthers zu jener Zeit. In ihr findet er bestätigt, dass der Sünder gerade in Tod, Gericht und Sünde Gottes Gnade erfahren kann und ihm Leben spendet. Darin, d.h. in Tod/Gericht/Sünde[f] erhält der Christenmensch durch die Schrift einen Zugang zu Hoffnung und Trost, die darin bestehen, ihm Zuversicht für das ewige Leben zu vermitteln und ihn für die hiesige Zeit zu ermutigen.

Zum jetzigen Zeitpunkt vernimmt Luther der Heiligen Schrift noch keine feste Zusage auf Heilsgewissheit. Er kann ihr noch kein Gnadenversprechen entnehmen, sondern zeigt dem Gläubigen, wo die Gnade zu finden ist und legt die oben beschriebene Kontrarität Gottes, dass Gott nur dem Sünder gnädig ist, dar.[17]

Weitere Gesichtspunkte des lutherischer Schriftzugangs werden in den Folgekapiteln erklärt, hierfür müssen zuvor aber noch andere Aspekte betrachtet werden.

3.5 Die Selbstkasteiung und der Kampf gegen das sündige Fleisch

Für Luther, so beschreibt er es in seiner ersten Psalmvorlesung, ist das Gericht bereits jetzt in der Welt. Dieses vollzieht sich dadurch, dass der HERR die Gläubigen vom Bösen absondert. Der alte Mensch, die alte Natur des Christen, soll hierbei täglich neu gekreuzigt und durch Zucht und Strenge gemaßregelt werden. „An der Seele aber vollzieht sich das Gericht durch Gnade".[18] Der Gläubige hat die Aufgabe sich immer wieder neu zu richten und selbst anzuklagen, denn er muss leer vor Gott sein,

---

[f] Sünde bedeutet hier: Sündenbewusstsein
17 Vgl. B. Lohse (Hrsg.) : Der Durchbruch der Reformatorischen Erkenntnis bei Luther, 26.
18 Vgl. K. Aland: Luther deutsch, 22.

erst dann kann Gott ihn mit Gnade und Barmherzigkeit füllen. Je mehr er zur Eigenanklage bereit ist und je rigoroser er dabei mit sich selbst ins Gericht geht, er sich buchstäblich selbst geißelt, desto mehr kann er dann die Güte Gottes empfangen. Er soll sich sich in einem ständigen Prozess der Demütigung befinden, in welchem er lernen muss sich und seine Begierden mehr und mehr zu verleugnen, so dass sich sein Wille völlig mit dem des HERRN deckt. Allem menschlichen Hochmut, aller Selbstüberzeugung, allem Stolz und aller Arroganz soll sich der Christ entledigen. Dann und nur dann kann der Mensch der Gnade Gottes teilhaftig werden.

> „Luther radikalisiert einen wesentlichen Aspekt des mönchischen Selbstverständnisses, nämlich den mönchischen Gehorsam mit seiner strikten Ablehnung jedes Eigensinns und jeder Eigenmächtigkeit. Gehorsam und demütig unterwirft sich der Mönch dem Urteil seines Priors als Stellvertreter Christi und tötet seinen sensus proprius, den eigenmächtigen Anspruch seines Ichs." [19]

In der Selbstanklage befindet sich nach Luther das Gericht und hierin soll sich der Gläubige selbst verabscheuen, sich bestrafen und sogar Schmerzen zufügen, da er zutiefst unwürdig, unvollkommen sowie schlecht und sündig ist.

So, wie Christus einst verleugnet, verachtet und schließlich gekreuzigt wurde, so soll auch der Gläubige zu selbiger Pein bereit sein. Denn in schlimmer Weise lebt in ihm, d.h. in seinem Fleisch, die Begierde auf und um ihn die Welt mit seinen Lüsten sowie der Teufel mit seinen Verlockungen. [20]

Solche Geringschätzungen sollen vom Gläubigen auch äußerlich, etwa durch Fasten, Trübsal, Angst oder Verachtung zum Ausdruck gebracht werden. Mehr noch: Der Christusnachfolger soll Freude an der eigenen Demütigung haben und sie suchen und bejahen. Wer dagegen die Erniedrigung scheut, „und nach Entgegengesetzten strebt, ist noch nicht im Gericht und folglich nicht in der Gerechtigkeit Gottes".[21]

---

19 K.-H. Zur Mühlen: Nos Extra Nos, 33.
20 Vgl. K. Aland: Luther deutsch, 39.
21 Vgl. K. Aland: Luther deutsch, 47.

Ohne Exkommunizierung würde der Mensch vor Gott nicht bestehen, da er immer noch glaubt, aus sich selbst heraus gut und gerecht sein zu können und somit Gott ohne dessen Hilfe gefallen zu können.

Nach Luther blicken die Christen einerseits voller Furcht in das Angesicht eines richtenden Gottes, welchem der Stolz der Menschheit völlig zuwider ist, andererseits hoffen sie auf seine Barmherzigkeit, welche sich in Christi Tod manifestiert hat und all denjenigen, die in Demut und Glauben bußfähig sind, zur Geltung kommt.

Mit großer Akribie arbeitet Luther in seiner ersten Vorlesung von den Psalmen heraus, dass es unter keinen Umständen einen Menschen geben kann, der sich nicht vor dem HERRN in irgend einer Weise schuldig gemacht hat. Er zählt dabei jede Möglichkeit der Verfehlung auf, von der Unterlassungssünde und der Übertretung der zehn Gebote, bis zu dem Aspekt, die Sünden der anderen nicht zu den eigenen gemacht zu haben. Luthers Vorgehen soll den Menschen kleinmütig machen, soll ihn erniedrigen. Hochmut und Eigenliebe sollen gebrochen werden, so dass der Mensch schließlich mit ganzem Herzen zur Reue bereit ist.

Der Gläubige soll der Demut mit ganzer Entschlossenheit nacheifern und täglich mit ganzer Hingabe seine alte Natur, sein Fleisch, kreuzigen und demzufolge alles Eigene völlig verdammen.

> „Deshalb gilt es, vor allem nach der Demut zu streben und den sensus proprius (dies meint den menschlichen Eigensinn – Hinzufügung des Autors) zu fürchten. In dem der Mensch solches im Glauben tut, wird das Werk Gottes in ihm wirksam. Denn der Glaube schließt den sensus proprius aus und züchtigt, kreuzigt und schwächt das Fleisch."[22]

Luther hebt mit großem Nachdruck immer wieder hervor, wie wichtig es sei, den Kampf gegen die Sünde mit aller Kraft und Beharrlichkeit zu führen. Mit glühendem Eifer ruft er die Christenheit dazu auf, hierin bloß nicht lau zu werden, sondern beständig brennend und mit ganzem Ernst dem Selbstgericht zu verfallen, damit sie hierdurch dem Strafgericht Gottes entgeht.

---

22 K.-H. Zur Mühlen: Nos Extra Nos, 33.

Erkennt der Mensch, wie groß und heilig Gott ist – und dies erkennt er aus der Schrift heraus- so muss ihm offenbar werden, dass alles, was im Menschen ist, zu verurteilen ist. Dem wahren Christen muss daher notwendigerweise im Glauben an die Heilige Schrift seine verdammenswerte Situation bewußt werden. Denn das richtende Wort Gottes bewirkt in den Gläubigen wahre Demut.[23]

Demut drückt sich für Luther auch darin aus, sich Obrigkeiten und dem HERRN gegenüber folgsam zu verhalten, da dieser weniger Gefallen am Opfer als am Gehorsam habe (Vgl. 1.Samuel 15,22). Der Mensch solle sich abgewöhnen nach dem Warum zu fragen. Dies sei teuflisch und rebellisch.[24] Auch gehe es eben nicht nur darum, Gott seinen Herrn zu nennen, sondern vielmehr zu tun, was dieser fordert.

3.6 Die guten Werke

Die Begriffe Gnade und Werke scheinen sich zunächst erst einmal konträr gegenüberzustehen. Scheinbar handelt es sich um zwei Gegensätze. Doch das Ausüben von guten Werken hat sehr viel mit Gnade zu tun und dies betont Luther auch immer wieder in seinen Schriften. In seiner Römerbriefvorlesung geht es ihm insbesondere darum klarzustellen, dass der Gläubige aber nicht auf Werke vertrauen dürfe, seien sie auch noch so gut.

Allerdings soll er sich mit Eifer darum bemühen, Gutes zu leisten. Luther kritisiert mit Nachdruck die gleichgültigen Menschen und spricht davon, dass jeder Mensch für irgendetwas brennen muss. Wenn er nicht im Geiste brennt, stellt er besorgt fest, so muss er vor fleischlichen Begierden brennen. Da eines von beiden eben brennen muss, der Geist oder das Fleisch.[25] Zentral bei der Ausübung guter Werke ist grundsätzlich die Haltung, die Motivation, mit der jemand etwas vollbringt. Deswegen soll

---
23 Vgl. K.-H. Zur Mühlen: Nos Extra Nos, 35.
24 Vgl. K.-H. Zur Mühlen: Nos Extra Nos, 3.
25 Vgl. K.Aland: Luther deutsch, 240.

sich der Gläubige immer bewusst sein, dass nur Gott allein das Gute durch den Menschen hervorbringt. So, wie geschrieben steht:

„Denn Gott ist's, der in euch wirkt beides, das Wollen und Vollbringen, nach seinem Wohlgefallen. (Philipper 2,13)

Der Gläubige, so fordert es Luther, müsse demütig sein und dürfe sich keineswegs seiner Taten rühmen. Werke, die aus Gnade vollbracht werden, verwandeln sich bei einer Haltung des Stolzes und des Rühmens in Werke des Gesetzes.[26]

Jemand, der nach außen hin Gutes bewirkt, kann im inneren, d.h. In seinem Herzen, durchaus sündigen, wenn er sich etwa über andere erhebt und glaubt aufgrund seiner Taten vor Gott wohlgefälliger oder grundsätzlich besser zu sein als der Mitmensch. Seine Taten „könnten außerdem aus Furcht vor Strafe oder aus Liebe zum Vorteil, oder zum Ruhm, oder zu anderem Irdischen"[27] getan worden sein. Luther fordert eine Rückbesinnung zur Ehrlichkeit und ein Ende aller Scheinheiligkeit. Fromme Werke sollen nur dann vollbracht werden, wenn sie mit reinen Motiven und mit einer Haltung der Liebe einhergehen. Andernfalls sollen sie besser gar nicht erst getan werden. Die massive Heuchelei in den Kirchen widerstrebt Luther so sehr, dass er spöttisch anmerkt, dass viele von ihnen leer blieben, wenn etwa das Fasten, die Gebete oder andere Gehorsamsleistungen nicht mehr getan werden müssten, sondern hierbei Freiwilligkeit bestünde. Für den wahren Gläubigen bedeuten solche Taten jedoch keinerlei Beschwerde, sondern er empfindet sie als Freude.

Luther formuliert den Wunsch, dass jeder Heilige seinen Glauben nach eigenem Gewissen ausleben dürfen sollte: „Alles müsste der freien Entscheidung überlassen bleiben, damit ein jeder nur so viel tut, wie er meint, vor Gott verantworten zu können"[28]

Letztlich sind beim Gläubigen die guten Werke ein Resultat, welches einer Liebe zur Gerechtigkeit und einem Widerwillen gegenüber der Ungerechtigkeit geschuldet ist. Oder anders formuliert: Es ist die Liebe zu

---

26 Vgl. K. Aland: Luther deutsch, 155.
27 Vgl. K. Aland: Luther deutsch, 144.
28 Vgl. K. Aland: Luther deutsch, 254.

Gott, welche durch den Heiligen Geist ausgegossen wird und somit ein Gnadenerweis Gottes ist, die den Gläubigen antreibt.[29]

3.7 Der Gedanken vom extra nos in der Römerbriefvorlesung

Zu Beginn seiner Römerbriefvorlesung weist Luther den Hörer bzw. Leser auf die Hauptintention dieser Schrift hin, die Paulus beim Verfassen des Briefes laut Luther gehabt hatte. Diese sei, alle menschliche Gerechtigkeit und Weisheit auszulöschen. Im Original gebraucht Luther das Verb „vernichten", was bereits darauf schließen lässt, worum es ihm geht. Die Menschen sollten ihres Stolzes überführt und ihnen die Augen vor der Realität geöffnet werden, damit sie demütig und bereitwillig anerkennen, dass sie aus sich heraus keine Weisheit besitzen und in sich keine Gerechtigkeit tragen. Es sollte klar gemacht werden, wie sehr sie der Hilfe Gottes bedürftig sind, da sie aus sich selbst , aus ihrem alten Menschen, dem Fleisch, zu nichts gutem fähig sind. Ganz gleich, wie herausragend die Weisheit und Gerechtigkeit einzelner auch sein mag und mit wie viel eigener Anstrengung sie auch bewirkt wird, sie bleibt letztlich eine irdische und verdorbene und kann den Ansprüchen Gottes niemals genügen.

Gottes Plan aber ist es, den Menschen nicht durch dessen eigene, sondern durch eine von außen kommende Gerechtigkeit zu erlösen.[30] Das ist die Bedeutung vom extra nos, welche nun von Luther mit der Römerbriefvorlesung erstmals in Erscheinung tritt. Luther erklärt den Gedanken vom extra nos auch nochmal anhand der christlichen Theologie:

---
29 Vgl. K. Aland: Luther deutsch, 187.
30 Vgl. K.-H. Zur Mühlen: Nos Extra Nos, 93.

> „Das ist der Grund, weshalb unsere Theologie gewiss ist: weil sie uns von uns selber wegreißt und uns außerhalb unserer selbst setzt – so, dass wir uns nicht stützen auf unsere Kräfte, unser Gewissen, unseren Sinn, unsere Person, unsere Werke, sondern vielmehr auf das stützen, was außerhalb unserer (extra nos) ist, nämlich auf die Zusage Gottes und Wahrheit Gottes, die nicht trügen kann."[31]

Diejenigen, die meinen, auch ohne Gottes Eingreifen, weise und gerecht zu sein, sind es höchstens vor sich und den Menschen, nicht aber vor Gott.

Der Mensch wird dann der Gnade Gottes teilhaftig, wenn er das „eigene Heim der Selbstgerechtigkeit" verlässt und sich der Wohnung, der fremden Gerechtigkeit Christi zuwendet. Mit der Entdeckung vom extra nos ebnet Luther den Weg zu den Tiefen des Gnadenverstädnisses der folgenden Jahre.

> „Die Zerstörung der Eigengerechtigkeit des Menschen und die Aufrichtung dessen, was extra nos et in Christo ist, versteht Luther als Bewegung des Affekts weg von allem Eigenen und jeder inneren Selbstgefälligkeit hin zur Gnade Christi."[32]

3.8 Die frühe Betrachtungsweise von Römer 1,17/18

Der frühere Luther war aufgrund seines mehrjährigen Klosteraufenthalts sehr von den Schriften des Ordensgründers Augustin beeinflusst. So kannte Luther auch dessen Aussagen zu iustitia Dei aus den Erläuterungen zu Psalm 31,2 und Psalm 71,2. In diesen erkennt Augustin bereits einen schenkenden Gott.

Neben Augustin wirkte auch der einstige Pariser Bischof Petrus Lombardus auf Luthers Lesart zum Römerbrief ein.

---

31 O. Bayer: M. Luthers Theologie, 7.
32 K.-H. Zur Mühlen: Nos Extra Nos, 94.

Beide nehmen in Vers 17 einen rettenden Gott wahr („Die Gerechtigkeit Gottes ist die, durch welche er den Menschen umsonst rechtfertigt durch den Glauben ohne Werke des Gesetzes" [33]).

Dieser barmherzige Gott zeigt sich für Lombardus und Augustin anschließend in Vers 18 von einer verdammenden, strafenden Seite der iustitia. Eine solche doppelte Definition der iustitia dei, welche Gnade und Gericht umfasst, findet man eindeutig auch bei Luther. Die beiden Gegenpole verstand er zwar, und er erkannte in ihr bereits auch das Heilswort, doch fiel es ihm aufgrund seiner Prägung und des Umfeldes wesentlich leichter, in der iustitia dei das zornige Gericht wahrzunehmen. Die Gerechtigkeit Gottes bedeutete, dass Gott selbst gerecht und sein Richten gerecht ist.

Der Glaube allein genügte zum gerecht werden noch nicht, sondern war an Bedingungen geknüpft.

Es musste noch in zutiefst demütiger Weise das Fleisch getötet und kasteit, ein ständiges Selbstgericht vollzogen, sowie die guten Werke der Gerechtigkeit vollbracht werden. Wie Ole Modalsli es passend beschreibt überrascht es nicht, dass sich Luther aufgrund dieser Ansichten als der Verdammte unter den Verdammten vorkam und er diese Art der Gerechtigkeit innerlich sehr verabscheute. [34]

> „Als ob es nicht genug sei, daß die elenden Sünder und durch die Erbsünde ewig Verlorenen mit jeder Art von Unglück bedrückt seien durch das Gesetz des Dekalogs, füge Gott durch das Evangelium dem Schmerz zusätzlichen Schmerz hinzu und bürde uns auch durch das Evangelium (im Sinne von Röm 1,17;18) seine Gerechtigkeit und seinen Zorn auf." [35]

Für Luther war es unverständlich, wie Gott dem Sünder, der eh schon der ewigen Verdammnis geweiht war, auch noch Gottes Gerechtigkeit und Zorn (Strafe) auferlegt werden könne.

Luther rang und haderte in dieser Zeit mit Gott und seinen angeblichen Forderungen. Sein Vorwurf äußerte sich in „ungeheurem Murren", in der

---

[33] B. Lohse (Hrsg.) : Der Durchbruch der Reformatorischen Erkenntnis bei Luther, 67.
[34] Vgl. B. Lohse (Hrsg.) : Der Durchbruch der Reformatorischen Erkenntnis bei Luther, 85.
[35] B. Lohse (Hrsg.) : Der Durchbruch der Reformatorischen Erkenntnis bei Luther, 184.

sich Luther jedoch, wie der Theologe und Kirchenhistoriker Martin Brecht es beschreibt, davor in Acht nahm, „seinen Zorn ausdrücklicher zu artikulieren, weil er die Möglichkeit der Gotteslästerung" befürchtete.[36]

3.9 Simul iustus et peccator

Die Formel iustus et peccator entwickelt Dr. Martin Luther mit seiner Auslegung von Römer 4,7: „Selig sind die, denen die Ungerechtigkeiten vergeben und denen die Sünden bedeckt sind."

Er meint damit, dass die Heiligen Gerechtfertigte und Sünder zugleich sind. Denn weil sie in ihrem Inneren (das Innere beschreibt, wie sie sich selbst einschätzen) ihre Verfehlungen und ihre Schande eingestehen, werden sie von außen (durch Gott) gerechtfertigt. Anders als die Heiligen aber handeln die Heuchler. Sie halten sich im Inneren für sündenfrei und gerecht, daher werden sie aufgrund ihrer Uneinsichtigkeit und ihres Stolzes von Gott verworfen.

Dieses Mysterium des gegensätzlichen Profils der Heiligen ist für Luther selbst ein Geheimnis, denn die Sünden werden vergeben und bleiben dennoch bestehen. Dies verdeutlicht folgendes Zitat:

„Wundersam ist Gott in seinen Heiligen, für ihn sind sie gerecht und ungerecht in einem"[37]

Luthers Denkweise ist so zu verstehen, dass sich für ihn die Erlösung erst vollkommen mit dem Tod darstellt, bzw. dem Übergang nach dem Leben auf Erden. So ist die Gerechtigkeit hier auf Erden nicht oder nur kaum zu finden, sie breitet sich aber immer mehr aus, „indem sie die Sünde heilt".[38]

In Anbetracht der Tatsache, dass der Heilige weiterhin unter der Ursünde

---

36 Vgl. B. Lohse (Hrsg.) : Der Durchbruch der Reformatorischen Erkenntnis bei Luther, 184.
37 K. Aland: Luther deutsch, 172.
38 K. Aland: Luther deutsch, 173.

(Erbsünde[g]) leidet bleibt er also dem Tatbestand nach Sünder, gerecht aber ist er in der Hoffnung (peccator in re- iustus in spe), dass ihm im Gericht einmal Gnade erweisen wird. Diese Hoffnung, die Luther den Gläubigen hiermit erzeugt, ist ein Vorläufer der festen Gewissheit. Es scheint ihm, als würde sich die Möglichkeit eines gnädigen Gottes für Luther an dieser Stelle anbieten.

Den Weg zur Hoffnung führt aber weiterhin nur über das Selbstgericht, indem sich der Gläubige also selbst der Anklage unterzieht, wird Gott mit ihm Erbarmen haben.

Auffällig ist, dass Luther an dieser Stelle sogar schreibt, dass das Eingeständnis der eigenen Schande und das Flehen um Barmherzigkeit „*immer ohne weiteres auch von Gott gerecht gesprochen*"[39] wird. Was er hier als scheinbar selbstverständlich darlegt und sich nach einer sicheren Rechtfertigungszusage anhört, wird an dieser Stelle jedoch nicht weiter von Luther erläutert. Daher argumentiere ich damit, dass Luther eine solch wichtige Erkenntnis ganz bestimmt weiter ausgeführt hätte, so, wie es seinem Stil entsprochen hat. Die Ungewissheit der letzten Jahre wird hier also offenbar noch nicht völlig aus dem Weg geräumt und nur kurz danach geht er wiederum ausdrücklich darauf ein, wie unbekannt Gottes Ratschluss und demzufolge der Heiligen Gerechtigkeit ist; woraus Angst als natürliche Folge erwachsen muss.[40]

---

g Mit Erbsünde bezeichnet R. Schwarz den Mangel einer ursprünglichen von Gott gegebene Gabe, durch welche ihm die Macht über niedere Seelenkräfte verliehen wurde.
   R. Schwarz: Fides, Spes und Caritas beim jungen Luther, 8-9
39 K. Aland: Luther deutsch, 171.
40 Vgl. K. Aland: Luther deutsch, 180.

4. Erstes Zwischenfazit

Die bis hierher dargestellten Zusammenhänge über Demut, Furcht und Gericht in Luthers Theologie belegen, dass sich Luther anfangs noch längst nicht im vollen Verständnis der Gnade befand, wenngleich, wie beim extra nos gesehen, sich Ansätze bereits ausfindig machen lassen.

In Teilen der Römerbriefvorlesung legt Luther für sein baldiges Gnadenverstädnis bereits das Fundament, da er einerseits erkennt, dass der Mensch nur von außen, also von Gott kommend, und nicht aus sich selbst heraus, gerechtfertigt werden kann. Andererseits erwächst in Folge der Analyse von Rm 4,7 bereits eine erste Hoffnung auf eine Rechtfertigung, welche sich an manchen Stellen bisweilen sogar schon wie das langersehnte Heilsversprechen anfühlen.

Entgegen dieser ersten positiven Entwicklungen der Römerbriefvorlesung lassen noch etliche Aussagen aus der ersten Psalmvorlesung darauf schließen, dass Luther sich erst im Anfang eines Erkennungsprozesses der Gnade befindet.

Beispielsweise redet er noch davon, dass es drei (!) zum Himmel führende Stufen gibt. Nämlich, dass sich fern halten von den Ungläubigen (hier wird wieder seine Angst ersichtlich), die ständige Bereitschaft zur Selbstanklage, verbunden mit Danksagung und drittens, nichts Böses zu lehren.[41]

Dies steht seinem später formulierten Gedanken vom extra nos noch äußerst konträr gegenüber. Luther macht die Rechtsprechung zu jener Zeit, insbesondere während der ersten Psalmvorlesung, noch sehr viel mehr vom Werk und Verhalten des Menschen abhängig als von Gott, auch wenn er natürlich viel davon spricht, dass der Mensch nichts gutes aus sich heraus bewirken könne. Doch es ist die Art und Weise, mit welcher der Leser hier in Luthers Zeilen noch sehr viel Anklage, Druck und Schwere spürt, anstatt die Barmherzigkeit Gottes in dessen Vergebungsbereitschaft wahrzunehmen.

---
41 Vgl. G. Ebeling: Luther, 23.

Später sagt Luther selbst, dass er zur Zeit vor seiner reformatorischen Entdeckung – d.h. vor dem Begreifen, dass Errettung nicht aus menschlichen Werken sondern nur aus Gnade durch Glauben geschieht- noch ein sehr negatives Bild vom Urteil Gottes hatte. So gestand Luther später: „ Wie sehr ich vorher die Vorkabel vom Gericht Gottes gehasst habe".[42] Mit dieser Aussage wird deutlich, dass Luther selbst seinem hohen Ideal der damaligen Zeit nicht entsprochen hat. Denn ihm selbst gelang es nicht, das beständige Selbstgericht als etwas positives für sich zu entdecken. Er konnte sich offenbar in aller ertragenen Qual nicht (mehr) freuen, um Christi Willen Leiden zu dürfen. Die beständige Unruhe, die im Herzen nie einkehrende Ruhe, müssen Luther mürbe gemacht haben.

Angst ist nach dem Denken Luthers zu jener Zeit der reformatorischen Wende für den Gläubigen ein Hoffnung verheißendes Kennzeichen und ein Grundstein der Gnade, allerdings eben noch längst nicht die feste Zusage dafür. Es darf lediglich darauf gehofft werden! Die Christenheit soll sich in ihrer Furcht, im Gericht und im Zorn Gottes freuen. Zu trauern hätte sie dagegen nur, wenn sich Gott von ihnen abgewandt hätte und sie den Zorn Gottes über sich nicht empfinden würde. Ein Ebeling Zitat fasst das von Angst und Kasteiung geprägte Denken des früheren Luthers gut zusammen:

> „Also müssen wir immer zwischen diesen beiden existieren, der Furcht vor der Macht Gottes und der Hoffnung auf seine Barmherzigkeit , damit wir so zwischen dem oberen und dem unteren Mühlstein für Gott zermahlen werden und zwischen den Zähnen des Oberkiefers und des Unterkiefers zerrieben und dem Körper Christi einverleibt werden."[43]

---

42 Vgl. O. Bayer: Promissio, 3.
43 Vgl. G. Ebeling: Luther, 64.

5. Die reformatorische Wende

5.1 Das Reformatorische in der Lehre Luthers

Die Frage nach der ungefähren zeitlichen Einordnung der reformatorischen Wende kann nur dadurch geklärt werden, dass Konsens darüber herrscht, worin das Reformatorische in der Lehre Luthers letztlich zu sehen ist. Seine reformatorische Entdeckung brachte ihn zu jener Erkenntnis, nach welcher er, in Folge jahrelangem Studiums der Heiligen Schrift, nun gestossen war und welche einer erhellenden Erleuchtung glich. Häufig wird Luthers Erlebnis mit seinem Selbstzeugnis in der Praefatio zum ersten Band seiner lateinischen Schriften aus dem Jahr 1545 gleichgesetzt.[44] Hierin beschreibt Luther, wie er durch Gottes Erbarmen infolge intensiven Studiums zu einer Offenbarung der Bibelstelle aus Römer 1,17 gelangte, in welcher Paulus schreibt, dass der Mensch allein aus Glauben Gerechtigkeit erfährt und er durch diesen leben wird. Gerechtigkeit Gottes ist nun nicht mehr als Forderung Gottes zu sehen, sondern ist ein Gnaden Geschenk Gottes an den Menschen.

Luther berichtet in der Praefatio, er habe beim Begreifen der Zusammenhänge von Paulus' Worten geradezu eine Neugeburt erlebt und sei „durch geöffnete Tore in das Paradies eingetreten".[45] Diese Erfahrung stellte vieles in seinem Leben auf den Kopf, so dass sich Luthers Verhältnis zur Schrift grundlegend änderte und er fortan den einst verabscheuten Begriff 'Gerechtigkeit Gottes' als große Freude empfand. Luthers neues Verständnis von "iustita dei" ist nach dem Kirchenhistoriker Reinhard Schwarz nicht in einem Prozess, sondern als eine bestimmte Begebenheit zu sehen, welche allerdings nur einen Teil des gesamten reformatorischen Neudenkens ausmachte.

Den augenöffnende Bibelvers aus dem Römerbrief hatte Luther aufgrund seiner Erkenntnis in eine "gerechte Zuteilung von Lohn und Strafe" (Rm 1,17a) einerseits und in eine "von Gott kommende Gerechtigkeit"(Rm

---

44 O. Bayer: Promissio; Geschichte der reformatorischen Wende in Luthers Theologie, 2.
45 Vgl. O. Bayer: Promissio, 3.

1,17b) zergliedern können. Er begreift nun: Gottes Forderung nach Gerechtigkeit wird von ihm selbst getilgt. Das bisher vorherrschende mittelalterliche Verständnis des "Christus als Richter" Bildes durch gerechte Zuteilung von Lohn und Strafe, wurde nun von opus dei bzw. sapientia dei, der aus Gott kommenden Gerechtigkeit, abgelöst.

5.2 Zeitliche Einordnung der reformatorischen Wende und Augustins Einfluss auf Luther

Nach dem Theologen Oswald Bayer ist das Hauptaugenmerk der reformatorischen Entdeckung Luthers Erkenntnisgewinn über die Unsitten in den Abhandlungen des Bußsakraments zu finden. Einige Zeit hatte er noch geglaubt, die Priester würden mit ihren Worten lediglich eine Tatsache feststellen - nämlich, dass Christus von der Sündenlast befreie. Daher sah er in ihren Worten : „Ich spreche dich los von deinen Sünden!" einen rein deklaratorischen Akt. Nun aber musste er mit Bestürzung feststellen, dass ihre Worte weniger eine Konstatierung, als vielmehr eine Konstituierung bedeuten.

Da Luther zu jener Erkenntnis erst 1518 kommt, plädiert Bayer für eine Spätdatierung der reformatorischen Entdeckung. Er vertritt die Ansicht, dass Luther erst ab 1518 eine konkrete Unterscheidung von Evangelium und Gesetz vornahm und erst jetzt die als konkretes Heilswort entdeckt. Das Evangelium wurde Luther dabei zum verheißenden Wort, welches rettet und Gewissheit schenkt, während das Gesetz den Menschen anklagt und schuldig spricht.

Wenn man dem Aspekt der promissio allerdings weniger Beachtung schenkt, gibt Bayer zu Bedenken, kann auch eine Frühdatierung angesetzt werden, so wie dies bereits vorher von Pesch geschehen ist.[46]

Luthers erste Vorlesungen über die Psalmen, so bemerkt Schwarz, widersprechen jedoch einer Frühdatierung für die Jahre 1513-14, da Luther noch stark von der strengen Ordenstradition der Augustiner-

---
46 Vgl. O. Bayer: Promissio, S.4-5.

Eremiten geprägt war. Aufgrund dieses Einflusses geht Schwarz davon aus, dass Luthers erste Psalmvorlesung „noch in die Vorgeschichte der reformatorischen Bußtheologie gehört, obgleich das Reformatorische hier schon durchbreche."[47] Schwarz sieht Ansätze der reformatorischen Entdeckung bereits in Luthers Diskussion über Psalm 71,2 in seiner ersten Psalmvorlesung von 1513/15., in welcher Luther schreibt, dass das Hoffen auf Gott den Gottlosen gerecht macht, womit „das Werk Gottes in Christus bereits tropologisch auf den Glauben"[48] abzielt. Völlig ausgestaltet ist diese Lehre für ihn jedoch erst mit Luthers Auslegung des Römerbriefes 1515/16. Da, wie beschrieben, für Schwarz die neue Erkenntnis von "iustitia dei" nur einen Teil des "Reformatorischen" darstellt, und ihm hierbei auch noch Luthers Auseinandersetzungen mit dem Ablass wichtig erscheinen, setzt Schwarz die "reformatorische Wende" erst für das Jahr 1518 an. Es gibt also sehr unterschiedliche Vermutungen über über die genaue Zeit, in der Luthers Durchbruch geschah und dies hängt immer davon ab, worin die entscheidende Erkenntnis gesehen wird. Jedoch lässt sich die Frage nach der Datierung auch insofern festmachen, dass eine Beobachtung stattfindet, wie sich Luther Gnadenverständnis in den kommenden Jahren verändert.

Entschiedenen Anteil an Luthers Erkenntnissen haben nach R. Schwarz dessen Auseinandersetzung mit dem Römer- und dem Galaterbrief sowie den Schriften Augustins. Letzterer dürfte als Ordensvater und Patron der Wittenberger Uni bedeutenden Einfluss auf Luther ausgeübt haben.
Nach dem Augustinerpater Dr. Dr. Adolar Zumkeller war Augustin sehr bedeutend für Luthers Frühtheologie, in der er von seinem Ordensgründer regelrecht ins Schwärmen geriet und bspw. davon berichtete, wie er dessen Schriften nicht bloß las, sondern diese vielmehr verschlang. Jedoch genügte es für Luther zum Fund der reformatorischen Erkenntnis nicht allein, ein Schüler Augustin zu sein. Seine Differenzen mit dem Kirchenvater wurden Luther auch im Laufe der Zeit immer bewusst.[49]

---

[47] K.-H. Zur Mühlen: Nos Extra Nos, 32.
[48] Vgl. K.-H. Zur Mühlen: Nos Extra Nos, 33.
[49] Vgl. A.Zumkeller. Erbsünde,Gnade,Rechtfertigung und Verdienst nach der Lehre der Erfurter Augustinertheologen des Spätmittelalters, 491.

6. Theologie des späteren Luther

6.1 Luthers späterer Zugang zur Heiligen Schrift

Im Verlauf der reformatorischen Wende ändert sich Luthers Zugang zur Heiligen Schrift. Wichtig war die Schrift ihm auch anfangs schon, zu Beginn seiner Wittenberger Zeit, das steht außer Frage. Schließlich war er ja gerade Doktor der Theologie geworden und in seinem Eifer um die Frage, wie er einen gnädigen Gott bekomme könne, studierte er die Schrift wie kaum ein anderer. Was sich aber nun vollzog war eine Änderung seines Leseverständnisses, seiner Wahrnehmung und seiner Betrachtungsweise zur Bibel.

Um die Eingangsfrage dieser Erarbeitung zu klären, wie sich Luthers Gnadenverstädnis im Laufe der reformatorischen Wende wandelt, ist Luthers Umgang mit der Schrift von zentraler Bedeutung, da er aus ihr die Heilsgewissheit entnimmt und letztlich dadurch die Gnade Gottes ergreift. Ohne den weiter entwickelten Zugang zur Schrift wäre ihm die Erkenntnis der Gnade verborgen geblieben.

Die Bibel, als Wort Gottes, hatte für Luther eine unantastbare und unverrückbare Autorität, dessen sich jeder und alles unterzuordnen hatte.

> „Theologie geht für ihn darin auf, Auslegung der Heiligen Schrift zu sein. [...]
> Denn daß der Wille Gottes allein aus der Heiligen Schift den Menschen
> offenbar und verstehbar angehe, stand ihm außer Zweifel."[60]

So konnte eine theologische Auseinandersetzung mit Luther immer nur anhand der Heiligen Schrift geschehen, wie es auch einer seiner vier Grundsätze besagt: sola scriptura – allein (durch) die Schrift. Da Luther letztlich aus der Heiligen Schrift heraus Gottes Gnadenzusage entnimmt, ist die Art der Interpretation der Bibel von großer Bedeutung.

---

50 G. Ebeling: Luther. Einführung in sein Denken, 104.

Hierbei ist es wichtig zu erkennen, dass eine Deutung der Schrift auf zwei Weisen geschehen konnte. Diese beiden Methoden müssen klar voneinander getrennt und unterschieden werden. Die erst genannte ist jene, die Luthers frühen Zugang zur Bibel beschreibt. Die zweite Herangehensweise dagegen die, welche Luther infolge des Turmerlebnisses anwandte. Freilich erfolgte der Übergang trotz Luthers einschneidendem Erlebnisses immer noch Prozessartig, so dass sich Teile der ersten Herangehensweise auch noch beim späteren Luther finden lassen.

In den frühen Jahren war Luther offenbar noch von einem recht formalen Schriftverständnis geprägt, welches belehren und aufzeigen mochte, was zu tun und was zu unterlassen sei. Diesem geht es allein um den äußeren Wortlaut.[51] Diese Art der Auslegung „kann die Schrift zu einem drückenden Gesetz machen".[52] Doch wirkt in dieser Buchstabentreue die Liebe nicht, sondern bewirkt stattdessen Zwang, so dass das Gute, so es denn ausgeübt wird, nur aus Angst vor den Konsequenzen eines Fehlverhaltens getan wird. Ein solches Vorgehen verurteilt Luther später scharf, da es nicht ausreiche, „wenn die Schriften nur gekannt, sie jedoch ohne den Geist der Erkenntnis verstanden werden".[53]

Dass Luther zunächst einem solch formalen Schriftzugang zugetan war, ist mit Blick auf sein Leben, insbesondere im Augustinerkloster oder zur Zeit seiner reformatorischen Frühschriften, mehr als eindeutig festzustellen. Zu jener Zeit sah er in der Schrift vor allem ein Regelwerk, dessen er sich ohne Widerrede zu fügen habe, um hierdurch Gott gnädig zu stimmen. Weil er jedoch dem hohen Gesetzesanspruch, den er in der Schrift vernahm, nicht erfüllte, war er geplagt von Furcht und geängstigt vor den zu erwartenden Strafen. Sein Gefühl der Verdammnis nährte allem voran die Textpassage aus Röm 7,7-24[54], in welcher der Apostel Paulus über die entsetzliche Verlorenheit seiner fleischlichen Natur spricht. Besonders deutlich wird der Unterschied seiner Sicht auf die Bibel auch in der Praefatio von 1545, in der Luther beschreibt, dass ihm die

---

51 Vgl. G. Ebeling: Luther, 108.
52 G. Ebeling: Luther, 104.
53 K. Aland (Hrsg.): Luther deutsch, 186.
54 Vgl. O. Bayer: Martin Luthers Theologie, 195.

ganz Schrift nun „ein anderes Gesicht zeige", sie ihm also deutlich positiver erscheine. Demnach muss ihm die Bibel vormals ein sehr negatives Gefühl erzeugt haben, welchem insbesondere die Vermittlung eines äußerst unbarmherzigen Gottes zugrunde gelegen haben muss. Weiterhin erklärt Luther in der Praefatio, dass er einst die Vokabel der "Gerechtigkeit Gottes" gehasst und sie mit dem neuen Schriftzugang als „süßes Wort" pries.[55] All dies ist ein klarer Hinweis auf eine veränderte Form der Auslegung.

Die spätere Art und Weise der Schriftauslegung unterschied sich ganz offenbar auch darin zur früheren, dass nunmehr das Wort mit Unterstützung des Geistes zu interpretieren versucht wurde.

> „Denn nur der Geist faßt die Schriften richtig und nach Gottes Willen auf. Ohne ihn aber verstehen sie (die Pharisäer, bzw. Heuchler jener Zeit – Anmerkung des Verfassers) nicht, auch wenn sie verstehen."[56]

Wenn Luther in dem obigen Ausspruch über all diejenigen klagt, die die Schrift ohne Hilfe des Geistes zu deuten versuchten, so hieße dies, dass es nun genau der Ansatz war, den er verfolgte.
Eine solche Form der Auslegung wird Leben bewirken, da es ihr nicht um rein Sichtbares geht, sondern weil sie mit dem Herzen geglaubt werde muss. „Der Geist ist gutes Wort, gute Botschaft, Evangelium, weil das Wort der Gnade."[57]

Luther macht mit Nachdruck deutlich, dass es der Auslegung durch den Geist, und letztlich im Glauben, immer darum geht, die Bibel durch die Tatsache des Kreuzes (d.h. durch das, was Jesus mit seinem Tod erwirkte) zu verstehen.
Die ganze Schrift muss aus der Perspektive Gottes heraus betrachtet werden. Mit menschlichem Blick stößt man schnell an seine Grenzen und es erscheint vieles unlogisch.

---

55 Vgl. O.Bayer: Promissio, 2-3.
56 K. Aland: Luther deutsch, 186.
57 G. Ebeling: Luther, 106.

> „Wer würde denn erkennen, daß wer in der Sichtbarkeit gedemütigt, verworfen und getötet wird, in höchstem Maße zugleich inwendig erhöht, getröstet und lebendig gemacht wird, wenn er nicht vom Geist durch den Glauben gelehrt würde?"[58]

Der neue Schriftzugang drückt auch Luthers Wandel im Gnadenverstädnis aus Denn die Interpretation der Schrift durch den Geist bedeutet schließlich, dass der Mensch die Bibel letztlich nur mit Gottes Hilfe und nicht durch den eigenen Intellekt begreifen kann. Aus diesem Grund ist es wichtig, wie es bei Ebeling nachzulesen ist[59], Gott um Verständnis der Schrift zu bitten und darauf zu achten, den Geist zu vernehmen, so wie es ein Psalmist getan hat: „Ich bin dein Knecht: Gib mir Verstehen, damit ich deine Zeugnisse erfasse" (Psalm 119, 125)

Hieran schliesst sich auch Luther bekannte Aussage an, „sacra scriptura sui ipsius interpres - die Heilige Schrift legt sich selber aus", was bedeutet, dass eine Interpretation nicht durch den Leser oder Hörer, sondern durch sich selbst geschieht.[60] Im Zusammenhang mit dem Vers aus Joh 1,1, „Und das Wort war Gott" wird dies nun nachvollziehbar. Gott selbst ermöglicht dem Leser, durch seinen Heiligen Geist das richtige Verständnis der Schrift. Dies ist es, was Luther jetzt verstanden hat und genau hierin erfährt er die Gnade Gottes. Luther spricht davon, dass „die Kraft der Schrift die ist: „Sie wird nicht in den gewandelt, der sie studiert, sondern sie verwandelt den , der sie liebt, in sich und ihre Kräfte hinein." [61]

Die Änderung des Menschen, in seinem Sinn und seinem Streben, geschieht also allein von Gott her. Er ist es, der die die Schrift erklärt, ihre Worte mit Leben füllt und hierdurch eine Wandlung des Menschen vornimmt. Nun sah Luther die Schrift mit anderen Augen und kam zu der Überzeugung, dass sie ihre Bezeichnung 'Gute Nachricht' nicht zu Unrecht trägt, da sie den Gläubigen Leben statt Tot, Freiheit statt Gefangenheit

---

58 G. Ebeling: Luther, 114.
59 Vgl. G. Ebeling: Luther, 108.
60 Vgl. O. Bayer: Martin Luthers Theologie, 62.
61 O. Bayer: Martin Luthers Theologie, 62.

und Gnade anstatt Gericht vermittle.

6.2 Die spätere Betrachtungsweise von Römer 1,17/18 und die Differenzierung von Gesetz und Evangelium

Die reformatorische Entdeckung Luthers bestand vor allem im neuen Leseverständnis von Römer 1,17. Entscheidend war diese Stelle auch daher für Luther, weil ab Römer 1,16 auch die paulinische Definition des Evangeliums erklärt wird. Luther begreift nun, nach unermüdlichem Studium der Heiligen Schrift, dass das Heil allein aus Glauben zugerechnet wird und demzufolge ein Gnadengeschenk ist. Diese neue Erkenntnis betrachtet Luther als ein Wunder, welches vom Heiligen Geist gewirkt worden ist. [62]

Iustitia dei stellt sich jetzt ganz und gar als Barmherzigkeit Gottes dar. Selbst am Tag des jüngsten Gerichts, bei der Wiederkunft Christi, führt allein der Glaube zur Gerechtigkeit vor Gott. In seinem Vorwort von 1545 beschreibt es Luther so:

> „Tag und Nacht meditierte ich unablässig, bis ich auf den Zusammenhang der Worte merkte, nämlich: Die Gerechtigkeit Gottes wird im Evangelium offenbar, wie geschrieben steht: 'Der Gerechte lebt seines Glaubens'. Da fing ich täglich an, die Gerechtigkeit Gottes als eine Gerechtigkeit zu begreifen, durch die 'der Gerechte als durch Gottes Geschenk lebt', d.h. 'aus Glaube'"[63]

Zur Zeit der ersten Psamlvorlesung, so etwa um die Jahre 1513-15, betonte Luther sehr den Gegensatz zwischen Buchstabe und Geist. Später ging er mehr dazu über, eine Differenzierung von Gesetz und Evangelium vorzunehmen. Nach Ebeling war jedoch mit beiden Ansätzen die selbe Absicht verbunden, nämlich die Grundbestimmung der Heiligen Schrift herauszuarbeiten. [64]

Oftmals neigt man dazu, die Begriffe Gesetz und Evangelium als

---
62 Vgl. B. Lohse (Hrsg.) : Der Durchbruch der Reformatorischen Erkenntnis bei Luther, 93.
63 Vgl. B. Lohse (Hrsg.) : Der Durchbruch der Reformatorischen Erkenntnis bei Luther, 88.
64 Vgl. G. Ebeling: Luther, 120.

Antithesen, wie etwa Licht und Finsternis einzuordnen, doch dem ist nicht so. Stattdessen muss beides in ein stimmiges Verhältnis zueinander gebracht werden.

Sowohl das Gesetz als auch das Evangelium beschreiben, was aufgrund des Wortes hervorgebracht und ausgelöst wird. Das Unterscheidenlernen in Bezug auf das Wort ist somit der „Nerv der Theologie"[65]

Während es sich beim Gesetz um das Betrachten eines rein formalen Gedankeninhalts handelt, geht es beim Wort des Evangeliums viel mehr um ein echtes Erfassen und darum, eine Wirkung auszulösen. Ganz entscheidend ist demnach der Effekt, welcher beim Hörer bzw. Leser bewirkt wird, sowie die Darlegung darüber, wie der Mensch von Gott her gesehen wird.

> „Sooft Gottes Wort (d.h. das Evangelium – Hinzufügung des Verfassers) verkündigt wird, macht es fröhliche, weite, sichere Gewissen Gott gegenüber, denn es ist das Wort der Gnade, der Vergebung, ein gutes und wohltuendes Wort. Sooft aber Menschenwort (d.h. Das Gesetz – Hinzufügung des Verfassers) verkündigt wird, macht es ein betrübtes, enges, ängstliches Gewissen in sich selbst, denn es ist ein Wort des Gesetzes, des Zorns und der Sünde; in dem es zeigt, was man nicht getan hat und wie viel man tun soll."[66]

> Luther ging es in dieser Gegenüberstellung darum zu verdeutlich, dass das Wort, wenn es sich mit Glauben verbindet, von höchst radikaler Wirkung ist, da es in sich verheißend, schenkend, gnadenvoll und vollmächtig zugleich ist. [67]

Im Gesetz sieht Luther die Gebote Gottes mit seinen Forderungen nach einem heiligen Lebenswandel, welche Mose personifiziert. Die Gebote waren für den Menschen jedoch in keinster Weise erfüllbar, doch musste er hierin verstehen, dass er aus eigenem Bemühen niemals vor Gott gerecht werden kann. Im Evangelium dagegen erkennt Luther nun Gottes Gnade, in der alles Entscheidende von Gott ausgeht.

---

65 Vgl. G. Ebeling: Luther, 130.
66 Vgl. G. Ebeling: Luther, 131.
67 Vgl. G. Ebeling: Luther, 133-134.

Gerechtigkeit kann keinesfalls erworben werden, sie wird von Gott aus Glauben zugerechnet. Dieser starb, in Gestalt seines Sohnes Jesus Christus, stellvertretend für die Menschheit am Kreuz auf Golgatha, und durchlitt, was sie verdient gehabt hätte. Allein durch das feste Fürwahrhalten an Jesu Tat wird der Mensch nun gerecht gesprochen. Zuvor waren Mose und Christus für Luther ihres Auftrags nach sehr identisch. Sie unterschieden sich lediglich in ihrer Zeit und Vollkommenheit.[68]

Nun verstand Luther in seinem Herzen, was Johannes bereits in seinem Evangelium erklärt, dass nämlich das Gesetz durch Mose gegeben, die Gnade und die Wahrheit aber durch Jesus Christus geworden ist (Vgl. Joh. 1,17). Dies offenbart eine fundamentale Verschiebung in der Christologie. In Jesu Tod und Auferstehung fand die Christenheit bislang lediglich Trost. Nun aber liefert Christi Tat „die Begründung der reinen und ganzen Gewissheit."[69]

Der Kern des neuen Verständnisses von Römer 1,17 besteht nun also darin, dass Glaube allein selig macht. Dieser Glaube vertraut oder glaubt dem reinen Evangelium, welches nunmehr getrennt vom Gesetz unterschieden werden muss. Durch seinen Glauben allein wird der Mensch gerechtfertigt vor Gott.

> „Der Gerechte wird aus Glauben leben. Umgekehrt: Der Gottlose stirbt allein aus Unglauben. Derjenige, der an das Wort glaubt, ist gerecht, weise, wahrheitsliebend, gut usw."[70]

Die "Gerechtigkeit Gottes" versteht Luther nicht mehr als Forderung Gottes, sondern bezeichnet nun das von Gott kommende. Es bildet sich jetzt für ihn ein passives Verständnis der Schrift, in der Gottes Eigenschaften Aktionen sind, die dem Gläubigen zu gute kommen und welche nicht gegen ihn gerichtet sind. So etwa geht es darum, dass Gott in uns etwas schafft; Gott uns stark und weise macht etc.

Die neue Betrachtung von Rm 1,17;18 offenbart demzufolge „die passive

---

[68] Vgl. B. Lohse (Hrsg.) : Der Durchbruch der Reformatorischen Erkenntnis bei Luther, 88.
[69] B.Lohse (Hrsg.) : Der Durchbruch der Reformatorischen Erkenntnis bei Luther, 35.
[70] K. Aland: Luther deutsch, 306.

Gerechtigkeit Gottes, durch die uns der barmherzige Gott durch den Glauben rechtfertigt […]".[71] Iustitia Dei, die Gerechtigkeit Gottes, ist für Luther nun zum Inbegriff von Gewissheit geworden und hierfür bildet ihm die Verse aus Römer 1,17 und 18 geradezu das Fundament.

Das Evangelium ist jetzt also durchweg gut, weil sich jetzt hinter dem gerechten Gott ein barmherziger Gott zu erkennen gibt, der nicht straft, sondern schenkt. Diese neue Sichtweise bewirkt bei Luther eine große, nie gekannte Freiheit. Der Ärger über Gottes Anforderungen aus den Vorjahren ist mit einem Male aufgelöst.

Nach der Zerreissprobe der früheren Jahre drückt sich Luthers neue Erkenntnis in zwei alles entscheidenden Aspekten aus. Einerseits war ihm nun klar, dass Gerechtigkeit nichts mit einer vom Menschen erwirkten Leistung zu tun hat und sie einzig ein Geschenk (also Gnade) bleiben muss, um wirksam werden zu können. Andererseits entdeckt Luther die Autorität des gewiss machenden Wortes, welches gerade in der Anfechtung seine gesamte Kraft entfalten muss, „weil erst so der Glaube von sich selbst erlöst und das Wort des nunmehr erst 'reinen', vom Gesetz unterschiedenen Evangeliums verwiesen und d.h. erst dort möglich wird."[72]

6.3 Disputation über des Menschen Vermögen und Willen ohne die Gnade von 1516

Einen deutlichen Gnadenerkenntnisgewinn ist in Luthers Disputation von 1516 auszumachen. Zu Beginn dieser Schrift geht Luther allerdings nochmal darauf ein, wie durchweg schlecht der Mensch seiner alten Natur nach ist und er nicht in der Lage ist, aus sich selbst heraus gute Früchte hervorzubringen. Kurzum: Der Mensch ist die Eitelkeit aller Eitelkeiten![73] Zügig kommt Luther dann aber auf die Gnade zu sprechen und zitiert nun

---

71 B. Lohse (Hrsg.) : Der Durchbruch der Reformatorischen Erkenntnis bei Luther, 184.
72 B. Lohse (Hrsg.) : Der Durchbruch der Reformatorischen Erkenntnis bei Luther, 55.
73 Vgl. K. Aland: Luther deutsch, 345.

des öfteren Augustin:

> „Wer Gottes Ebenbild ist, der erwirbt diese Gnade, doch nicht so, daß sein freier Wille der Gnade vorangehen könnte, damit er nicht etwa etwas zuvor gäbe, auf daß ihm vergolten werden müßte"[74]

Luther beschreibt, dass allein die Gnade den Menschen dazu bringe, die Gesetze Gottes einzuhalten. Ohne sie sei dies nicht möglich. Um die Gnade erhalten zu können bedürfe es ebensowenig einer besonderen Einstellung oder Haltung. Sonst wäre Gnade bereits wieder etwas Erworbenes.

Luther kann nun durch die Schriften des Augustin nachvollziehen, was auch Paulus bereits im Römerbrief darlegt, dass das Gesetz gegeben sei, damit der Mensch erkenne, wie nötig er die Gnade brauche. Nur die Gnade könne das Gesetz erfüllen. Das bedeutet, dass dem Anspruch Gottes gleichfalls durch Gottes Gabe der Gnade genüge getan ist. Die erdrückende Last des Gesetzes müsse notwendigerweise zu einem Hilferuf des Christen zu Gott führen. In der Zusammenwirkung mit den Bibelstellen aus Joh 15,5 „Ohne mich könnt ihr nichts tun" ; 1.Kor. 4,7: „Was hast du aber, das du nicht empfangen hast?" oder Hes. 36,22: „So spricht der Herr: Ich tue es im Haus Israel um meines heiligen Namens willen [...]" wird für Luther nun klar: Rettung und Erlösung ist eine Angelegenheit Gottes. So sehr sich der Mensch auch bemüht, ohne der Hilfe Gottes bleibt er ungerechtfertigt.

Eine weitere Erkenntnis tut sich für Luther mit dem Vers von 2.Kor. 3,5 auf. Der Mensch ist zu wohlgefälligem Handeln nicht in der Lage. Die Gnade dagegen macht frei zu willigem Gehorsam; sie befähigt anstatt zu beschweren.

> „Nicht dass wir tüchtig sind von uns selber, uns etwas zuzurechnen als von uns selber, sondern dass wir tüchtig sind, ist von Gott, der uns auch tüchtig gemacht hat zu Dienern des neuen Bundes, nicht des Buchstabens, sondern des Geistes. Denn der Buchstabe tötet, aber der Geist macht lebendig."[75]

---

[74] Vgl. K. Aland: Luther deutsch, 345.
[75] Vgl. K. Aland: Luther deutsch, 350.

6.4 Sermon von der zweifachen Gerechtigkeit von 1518

Spätestens mit dem Sermon der zweifachen Gerechtigkeit bildet sich für Luther das solus christus heraus. Das Neue findet sich in dem wieder, was Jesus bei seinem Tod vom Kreuz ruft: „Es ist vollbracht"(Joh 19,30). Jesus hat es vollbracht, er allein. Das ist nunmehr der Schwerpunkt und hierdurch kann „[…] der Gläubige das, was Jesus tat, auf sich beziehen".[76] Luthers Sermon ist gewissermaßen eine Laudatio auf den Erlöser. Das Erlösungswerk gewinnt an ganz neuer Strahlkraft. Jesu Tat wird für Luther größer denn je und dem Evangelium entnimmt er nun lauter positive Verheißungen.

> „Was wollen wir nun hierzu sagen? Ist Gott für uns, wer kann wider uns sein? Der auch seinen eigenen Sohn nicht verschont hat, sondern hat ihn für uns alle dahingegeben - wie sollte er uns mit ihm nicht alles schenken?" (Röm 8,32)

> „Gelobt sei Gott, der Vater unseres Herrn Jesus Christus, der uns gesegnet hat mit allem geistlichen Segen im Himmel durch Christus." (Eph 1,3)

Dem Gläubigen gehört nun all das, was Christus am Kreuz erworben hat. Er erhält es umsonst aus reiner Gnade. Der menschliche Eigenanteil wird in der Disputation von 1518 aber noch nicht völlig zurückgedrängt. Geschenkt ist freilich die göttliche Gerechtigkeit, zu welcher der Christ allein aus Glauben Zugang erhält. Aber eine weitere, eine Zweite Gerechtigkeit, ist für Luther noch von Nöten. Sie drückt sich für ihn in drei guten Übungen[77] aus:

- Die Abtötung des Fleisches, die Kreuzigung der bösen Begierden
- Der Liebe gegenüber dem Nächsten
- Die Demut und Furcht vor Gott

---
[76] K. Aland: Luther deutsch, 368.
[77] K. Aland: Luther deutsch, 370.

Seine Gnadensicht ist 1518 soweit fortgeschritten wie nie, allerdings scheint die erwirkte Gerechtigkeit Jesu doch noch nicht allein zu genügen, weshalb menschliche Werke immer noch eine wichtige Bedeutung für die Rechtfertigung haben.

6.5 Die Hebräerbriefvorlesung (1517/1518)

Bereits die Einführungsworte verraten es: Luther wird mit dem Studium des Hebräerbriefs der Himmel aufgerissen, die dunklen Wolken des kalten, schrecklichen Gottesverständnisses aus der Frühzeit werden urplötzlich weggezogen. Der Reformator schreibt, es sei „ [...] bemerkenswert, dass Paulus (hier) die Gnade im Gegensatz zu dem Stolz auf die gesetzliche und menschliche Gerechtigkeit besonders herausstellt"[78]. Das wirkt, als seien ihm die eigentlichen Zusammenhänge nun erst richtig aufgegangen, oder als wüchse er gerade erst in ein umfassenderes Verständnis über die Gnade Gottes hinein. Neben der Betonung der Gnade scheint ihm auch die Vorrangstellung und essentielle Bedeutung Christi in Paulus' Schrift[h] besonders aufgefallen zu sein. Denn nur Christus, und keine menschliche, kirchliche oder gar himmlische Autorität sonst, konnte dem Menschen das Heil erwirken. Nur über die „Brücke" Jesus gelangt der sündige Mensch zu Gott dem Vater und erfährt Vergebung seiner Schuld. Auffallend ist, dass Luther in seiner Hebräerbriefvorlesung anfangs häufig die Position des äußeren Betrachters einnimmt. Er legt dar, was Paulus sagt, was er behauptet und zeigt hierin, dass es nicht seine persönlichen und vielleicht erfundenen theologischen Gedankenkonstruktionen sind, mit denen er hier argumentiert, sondern sich die Zusammenhänge eindeutig aus der Schrift und sozusagen von höchster Stelle belegen lassen. Luther fügt den

---

[78] Vgl. K. Aland: Luther deutsch, 293.
[h] Der Verfasser des Hebräerbriefs ist wissenschaftlich nicht nachgewiesen. Luther reiht sich hier aber der Annahme seiner Zeit ein, die hierin Paulus als Autor festmacht.

paulinischen Gedanken höchstens noch sein Einverständnis hinzu:
„Der Apostel hat also hier den bekannten Schluß vom Kleineren zum Größeren gezogen, der völlig überzeugt [...]" [79]

Die Tatsache, dass Christus durch seinen Tod die Reinigung der Sünden stellvertretend für alle Menschen bewirkte, ist für Luther ein klares Indiz dafür, dass die menschlichen Versuche, sich Rechtfertigung zu verschaffen, wie etwa durch Bußübungen, ins Leere laufen müssen. Was Jesus tat, wird dem Gläubigen ohne Verdienst durch Werke geschenkt, es ist reine Gnade. So wird Gottes Gerechtigkeit zur Gerechtigkeit des Gläubigen, wie es auch Jesaja bereits viele Jahre vor Jesu Kreuzestod prophetisch vorausgesagt hat: „Wir gingen alle in die Irre wie Schafe, ein jeder sah auf seinen Weg. Aber der HERR warf unser aller Sünde auf ihn."
(Jesaja 53,6)
Die menschliche Gerechtigkeit dagegen versucht aus eigenem Bemühen Gottes Wohlgefallen zu erlangen, weil sie stolz ist und glaubt, fremde Hilfe nicht nötig zu haben und sie nicht möchte, dass jemand anderes als sie die Anerkennung erhält. Die Nachfolge Jesu muss nach Luther richtigerweise damit beginnen, dass der Gläubige die Vergebung zunächst für sich in Anspruch nimmt; er also anerkennt, dass er aus sich heraus nicht gut genug sein kann und er Gottes Erbarmen nötig hat, wie dies im Sakrament deutlich wird. Erst jetzt können aus ihm die guten Werke fließen, die dann aber keineswegs Taten der Profilierung sind, sondern die er deswegen tun kann, weil Christus ihn hierzu befähigt. Beginnt die Christusnachfolge jedoch damit, dass der Gläubige aus sich heraus gute Werke vollbringen will, ohne dass er zuerst die Gnade im Sakrament (also bspw. in Taufe oder Abendmahl) angenommen hat, dann offenbart dies den falschen Weg.

Ziel der Nachfolge ist es, so zu werden, wie das Vorbild. Wenn also der Gläubige so werden will wie Christus, sein HERR, so ist der Weg dorthin der des Glaubens. Der Glaube wird ihn dann zur Gnade führen und diese verändert den Charakter und demzufolge das Handeln des Menschen.

---

[79] Vgl. K. Aland: Luther deutsch, 293.

> „Durch den Glauben wird der Mensch dem Worte Gottes ähnlich, das Wort aber ist Gottes Sohn"[80]

Dies bedeutet andererseits, dass die „Anforderungen" der Schrift nicht ohne Glauben erfüllt werden können.

Wer die Güte Gottes erfahren hat, der spürt in sich auch das Bedürfnis, anderen Personen Gutes zu tun. Die erfahrene Gunst quillt gewissermaßen aus dem Gläubigen heraus, sein Herz ist voll von Segnungen und dies spornt ihn dazu an, sich ganz selbstlos, wie Christus es tat, an andere zu verschenken. Das anschließende Zitat bringt diese Tatsache auf den Punkt: „Es ist ja unmöglich, daß der, der in Gottes Gnaden steht, etwas anderes als gute Werke tun kann."[81]

Indem der Gläubige auf das Vorbild Jesus Christus schaut, sein Opfer sieht, ist es für ihn ein Leichtes die Bereitschaft eines Dieners zu haben.

Die Opfer der Gläubigen haben natürlich nichts mit dem Opfer Christi gemein. Sein Opfer bleibt einzigartig, denn es ist das Opfer des Neuen Bundes, welches vollständig und ohne jeden Makel ist. Das Opfer seiner Gemeinde, bzw. seiner Braut, dagegen, soll täglich neu dargebracht werden. Dies geschieht für Luther in ihrer beständigen Selbstverleugnung.[82]

Auffällig ist, welche Position Luther zur Stelle aus Heb 2,4 einnimmt, in welcher Paulus darauf hinweist, dass der Gläubige nach „seinem Willen" empfängt. Der erste Eindruck dieser Stelle lässt zunächst auf eine Betonung von menschlicher Werksgerechtigkeit schließen. Doch eine solche Auslegung wäre schlicht aus dem Kontext gerissen, da Luther etwa durch Joh 3,27 („Ein Mensch kann nichts nehmen, wenn es ihm nicht vom Himmel gegeben ist") deutlich wurde, dass die Gnade zunächst von Gott ausgehen muss, ehe der Mensch zu guten Taten aus reinen Motiven in

---

80 K. Aland: Luther deutsch, 309.
81 K. Aland: Luther deutsch, 325.
82 Vgl. K. Aland: Luther deutsch, 325.

der Lage ist.[83]

Auch bei Johannes, nur wenige Kapitel weiter, findet sich die Begebenheit, in der die Jünger Jesus danach fragen, was sie zu tun hätten, um die Werke Gottes zu wirken (Joh 6,28). Jesus könnte ihnen nun eine Liste von Verhaltensregeln geben, doch das einzige, was er fordert, ist zu glauben. Dass es sich beim Glauben nun aber nicht um ein menschliches Werk handelt, wird im Hinblick auf die oben zitierte Stelle aus Joh 3,27 deutlich. Demnach, so wird Luther nun bewusst, fordert Gott dem Menschen nichts ab, was er ihm zuvor nicht auch bereit ist zu geben.

> „Alle Werke des Glaubens sind unausführbar für die Natur, sehr leicht ausführbar aber für die Gnade. Sie werden uns ohne unser Zutun zuteil, nur durch Gottes Wirken."[84]

Der Verfasser des Hebräerbriefs geht in Kapitel 2,15 darauf ein, dass Christus die Gläubigen befreite, welche durch die Todesangst im ganzen Leben Knechte der Sünde sein mussten.

Knechtschaft der Sünde geschah durch das Gesetz. Dieses zwang den Menschen zum richtigen Verhalten. Doch weil es der Mensch aus eigenem Bemühen niemals erfüllen konnte, erzeugte es Angst vor den Konsequenzen des Fehlverhaltens. Diese aber würden letztlich den Tod bewirken. Doch Luther begreift hier anhand der Schrift, dass die Herrschaft des Todes und die Macht des Satans durch Christus bezwungen wurde.

> „Daraus schließe ich nun, daß einen Christen nichts mehr zu schrecken braucht, weder in diesem noch im künftigen Leben, da ja der Tod und alle Übel für ihn zum Guten und zum Vorteil gewendet worden sind."[85]

Diese Worte sind nach all den Beklemmungen der früheren Jahre wahrhaft außergewöhnlich!

Mit allem Nachdruck erklärt Luther immer wieder, wie sehr es Gott allein um den Glauben gehe:

---

83 Vgl. K. Aland: Luther deutsch, 296.
84 K. Aland: Luther deutsch, 337.
85 K. Aland: Luther deutsch, 302.

„Glaube findet nur in der Gerechtigkeit Gottes, d.h. in Christus, Befriedigung und Ruhm".[86]

Wenn Luther einst mit Begrifflichkeiten wie „Gerechtigkeit Gottes" oder „Friede Gottes" konfrontiert wurde, so schloss er darauf, es müsse sich um die Gerechtigkeit bzw. den Frieden handeln, welchen Gott vom Menschen fordere und der von ihm selber erbracht werden müsse. Luther vernahm in diesen Formulierungen die Forderung Gottes an den Menschen. Nun „nimmt er an" (Seine Annahme kann ein Hinweis auf die Neuheit seiner Erkenntnis sein, aber er scheint darin noch unsicher zu sein.), „ [...] dass die Begriffe Gerechtigkeit und Friede in der Heiligen Schrift immer im Sinne von Gerechtigkeit Gottes und Frieden Gottes verstanden werden und zwar so, dass Gerechtigkeit gerade die Gnade meint, durch die der Mensch gerechtfertigt wird, das ist Glaube, Hoffnung, Liebe"[87]

Luther wagt sich nun zu behaupten, die „Gerechtigkeit Gottes" wäre keine Erwartung Gottes, sondern vielmehr der Ausdruck seiner Verbundenheit mit der Menschheit, was sich in seiner geschenkten Gnade manifestiert.

Gnade bekommt für Luther in der Hebräerbriefvorlesung eine durchweg positive Konnotation und sie entsteht ausgerechnet aus jenen Begriffen, mit denen er sich ehemals sehr im Konflikt befand:

> „Daran sieht man doch, dass jene Gnade [...] in der Heiligen Schrift regelmassig 'Gottes Gerechtigkeit', 'Gottes Barmherzigkeit'; 'Gottes Heil', und ähnlich genannt wird. Diese Gerechtigkeit aber, von der in Rm 1,17 geschrieben steht, sie kommt nach dem Wort der Schrift aus dem Glauben."[88]

In den kirchlichen Verkündigungen soll sich nun eine Ablösung vollziehen. Luthers Wunsch ist eine Aufklärung über die Güte Gottes. Die Priester sollen nun damit aufhören, das Volk über die Anforderungen des Gesetzes

---

[86] K. Aland: Luther deutsch, 308.
[87] K. Aland: Luther deutsch, 314.
[88] K. Aland: Luther deutsch, 314.

zu unterrichten. Ab sofort soll die Gnade Jesu gelehrt werden.[89] Denn dieser war es, der kam, „ [...] um die Gesetze und Propheten zu erfüllen" (Mt 5,17). Gnade ist für Luther nunmehr zum Inbegriff der Frohbotschaft geworden.

Gnade ist es auch, die dem Menschen wahre Identität verschafft. Denn durch die Güte Gottes erkennt dieser, wer er eigentlich vor Gott ist. Er begreift, wie er von Gott wertgeschätzt wird und erfährt, dass er nunmehr Kind Gottes ist. Im Gegensatz zur Natur, die eben einfach nur Menschen schafft.

> „Die Gnade gebiert Söhne Gottes (...) Denn nicht durch unseren Verdienst und unseren Eifer, sondern durch Gottes Barmherzigkeit erkennen wir göttliche Dinge"[90]

Kroeger findet, dass Luthers neues Grundprinzip (erst) auf das Frühjahr 1518 mit seiner Scholie zu Hebr. 5,1 anzusetzen ist. In dieser warnt Luther davor, auf Buße und Beichte zu vertrauen. Stattdessen mache allein der Glaube würdig zum Sakrament und führe daher zur Rechtfertigung.

Im Römerbrief wird der Glaube noch allzu sehr als Leistung oder geheime Verdienstlichkeit verstanden, dem nur durch unendliche Demut genüge getan wird.

Wie feinfühlig Luther zur Zeit seiner Hebräerbriefvorlesung bereits zwischen Gnadengeschenk und Werksgerechtigkeit unterscheidet, macht sich auch daran fest, dass er jene verurteilt, die das Mahl des Herrn empfangen und sich aufgrund ihrer vollzogenen Beichte, also ihrer Taten, sicher fühlen, obgleich sie sich keiner Todessünde bewusst seien, sie sich also für grundsätzlich gut und gerecht erachten. Für jene Menschen ist, nach Luther, das Strafgericht bereits vorbereitet.

Allerdings, „wenn sie dagegen glauben und darauf vertrauen, dass sie dort (d.h. beim Abendmahl – Hinzufügung des Autors) Gnade erlangen werden, so macht dieser bloße Glaube sie rein und würdig, der sich nicht auf jene Werke stützt, sondern auf das reine fromme und klare Wort

---

[89] Vgl. K. Aland: Luther deutsch, 317.
[90] K. Aland: Luther deutsch, 318.

Christi"[91]

Luther findet hierin auch durch Mt 11,28 Bestätigung :

> „Kommt her zu mir, alle, die ihr mühselig und beladen seid; ich will euch erquicken. Nehmt auf euch mein Joch und lernt von mir; denn ich bin sanftmütig und von Herzen demütig; so werdet ihr Ruhe finden für eure Seelen. Denn mein Joch ist sanft, und meine Last ist leicht"

In diesem Vers entdeckt der Reformator ein Wort der festen Zusage Gottes. Viele seiner bis hierher gewesenen Selbstzweifel und Belastungen werden damit gefangen genommen. Auf das Wort gegründet steht der Glaube nun fest und trotzt allen Zweifeln und Bedenken. Dabei hat es der Glaube nicht mehr nötig sich unendlich zu demütigen. Zorn und Tod sind von jetzt an nicht mehr Gradmesser der Gnade Gottes, wie sie es einst waren, als es noch hieß: Je mehr Zorn, desto mehr Gnade. Ab jetzt gilt allein das unverhüllte, wörtlich genommene und heilversprechende Wort des Evangeliums. Solch eine Möglichkeit hat es vor der Glosse zu Hebr. 5,1 noch nie gegeben, so Kroeger.[92]

Eine feste Zusage kann Luther auch dem Vers aus Mt. 16, 19 entnehmen.

> „Ich will dir die Schlüssel des Himmelreichs geben: Alles, was du auf Erden binden wirst, soll auch im Himmel gebunden sein, und alles, was du auf Erden lösen wirst, soll auch im Himmel gelöst sein."

Dieses Wort ist für Luther ein Hinweis auf das Sakrament der Beichte. Luther setzt die obige Stelle mit Joh 20,23 gleich und kommt zu dem Schluss, dass mit „lösen" der Freispruch von den Fehlverhalten gemeint ist. Sündenvergebung erfährt der Gläubige jedoch „nicht wegen des Würdenträgers oder seiner Gewalt, sondern um des Wortes Christi willen, der nicht lügen kann, da er sagt: ‚Alles, was du lösen wirst auf Erden' etc.; denn der Glaube an dieses Wort wird ihm den Frieden des Gewissens geben, indem ja nach diesem Worte der Priester löst" [93]

---

91 Vgl. B.Lohse (Hrsg.) : Der Durchbruch der Reformatorischen Erkenntnis bei Luther, 34.
92 Vgl. B.Lohse (Hrsg.) : Der Durchbruch der Reformatorischen Erkenntnis bei Luther, 34.
93 Prof. Dr. V. Stolle: Die Schlüssel des Himmelreichs Luthers Interpretation von Matthäus 16,19

Jeder Christ hat nach Luther nunmehr eine Priesterrolle inne, wie auch in der Offenbarung des Johannes nachzulesen ist, dass Jesus Christus die Gläubigen zu Königen und Priestern gemacht hat (Vgl. Of 1,6)
Eine solche Stellung ist möglich, weil Gott selbst sein vergebendes Wort spricht, wie das im folgenden Zitat deutlich wird:
„Das Wort ist ein autoritatives Wort Gottes, also einer vom Menschen ausgesprochenen Absolution, in der Gott selbst redet." [94]

In Psalm 112,7 erklärt der Psalmist, dass sich der Gerechte nicht vor dem bösen Gericht zu fürchten braucht. Der Christ wendet sich im festen Vertrauen dem gnädigen Gott zu und erfährt durch Christi Blut die Tilgung aller Sünden. Der Glaube reinigt und beruhigt (!) zugleich, somit hat der Gläubige keine Strafe mehr zu fürchten.[95] Der Christusnachfolger ist durch sein festes Vertrauen auf Gottes Zusage aus der Heiligen Schrift nun faktisch von Ängsten erlöst. Auch wenn ihm Zweifel plagen, so hat er doch das unumstößliche Versprechen Gottes. Skepsis dem Wort gegenüber würde im Grunde bedeuten, Christus für einen Lügner zu halten. Gottes Wort ist die Festung des Gläubigen, alle persönlichen Empfindungen sowie Unsicherheiten, die mit der Schrift nicht übereinstimmen, entsprechen nicht der Wahrheit und müssen an der Bastion „Wort Gottes" abprallen. Luther hebt die Schrift über die menschlichen Emotionen und weil sie ihm, dem Menschen, Vergebung zusichert, braucht er keine Befürchtungen mehr zu haben.
Furcht und Bedrückung gehören von nun an der Vergangenheit an. Im Glauben liegt die Überwindungskraft der Christenheit, vor welcher sich alle Unsicherheiten zu beugen haben. Gottes Wort ist es, was Gewissheit schenkt, das geht aus Luthers Hebräerbriefvorlesung an dieser Stelle sehr exakt hervor und dies äußert er mit Nachdruck.

---

in seiner Auseinandersetzung mit dem Papsttum. http://141.51.48.53/nh/selk/FO/Stolle/Aufsatz_Schluesselamt_CB_VS_2007_2011_Stolle.pdf (Abgerufen am 15.Okt 2012)
94 A.Beutel (Hrsg.): Luther Handbuch, 376.
95 K. Aland: Luther deutsch, 319.

> „Christus ist für uns vor Gottes Angesicht getreten. Darüber muß ein Christ Sicherheit, ja sogar unbedingte Sicherheit haben, daß Christus für ihn bei Gott erscheint und als Hohepriester wirkt. Denn was er glaubt, das wird ihm geschehen."[96]

Luther geht sogar noch einen Schritt weiter. Die Tatsache, dass er die Ängste als etwas negatives bezeichnet, war nach seiner Vorgeschichte schon außerordentlich. Doch nun übt er sogar dezent Kritik an denen, welche mit ihren Predigten Unsicherheiten und Zweifel erzeugen.

> „Mit äußerster Vorsicht und Zurückhaltung ist deshalb die Meinung derjenigen zu betrachten, die [...] den Menschen in bezug auf Gottes Barmherzigkeit und die Heilsgewissheit unsicher machen."[97]

Während es Luther in seiner Römerbriefvorlesung besonders darum gegangen ist, hervorzuheben, dass das Wort die Sünden offenbart und eine demütige und glaubende Haltung vor Gott zur iustitia Dei führt, so geht es Luther in seiner Hebräerbriefvorlesung verstärkt um die Herausstellung der Gnade, die durch das zusagende Wort dem Gläubigen teilhaftig wird. Zwar kann in beiden Schriften eine Betonung des Glaubens sowie die totale Unfähigkeit des Menschen vor Gott aus eigenem Bemühen gerecht werden zu können wahrgenommen werden, doch hatte Luther offenbar in seinen früheren Schriften noch kein Verständnis vom zusagenden Wort. Bisher lag der Schwerpunkt immer im Bekenntnis der Sünde, die zusammen mit dem Glauben womöglich die Rechtfertigung erwirkt. Eine Gewissheit war ausgeschlossen, musste sogar ausgeschlossen sein, da „die echte Demut von sich nichts weiß"[98]. Nun erfährt der Gläubige in seinem Glauben an Christus seine Würde zurück, indem sein Vertrauen auf die Verheißungen Christi ihm das Heil zu sichern. Zusammenfassend ergibt sich für Luther jetzt die Formel, in welcher der Glaube über der Buße steht.

---

96 K. Aland: Luther deutsch, 322.
97 K. Aland: Luther deutsch, 322/23.
98 B.Lohse (Hrsg.) : Der Durchbruch der Reformatorischen Erkenntnis bei Luther, 42.

6.5.1 Christus als Hoherpriester

Im neunten Kapitel des Hebräerbriefs, aber auch schon bereits zuvor, wird Christus von Paulus als Hoherpriester vorgestellt. Der Hoherpriester war im Alten Testament dafür verantwortlich, stellvertretend für das gesamte Volk, einmal im Jahr am Versöhnungstag Jom Kippur, Sühnung der Sünden vor Gott zu erwirken. Dies geschah, indem er Gott zunächst einen Bock im Vorhof der Stiftshütte darreichte, einen zweiten Bock hatte er dagegen in die Wüste geschickt. Dies symbolisiert die Wegnahme der Sünden. Schließlich ging der Hoherpriester selbst noch in den innersten Bereich, das Allerheiligste, der Stifthütte, um darin den Segen Gottes für das Volk sowie um Gottes Vergebung für ihre Verfehlungen zu erbitten. Nur der Hoherpriester konnte diese Aufgabe erfüllen. Luther geht in seiner Hebräerbriefvorlesung zwar nur kurz auf die Bedeutung des Hohepriesters ein, hatte aber in jedem Fall begriffen, dass Christus diese rechtsprechende Rolle eingenommen hat, wodurch er ihn im Vergleich zur Vergangenheit wesentlich freundlicher ansieht:

> „ [...] weil er uns nicht als Rächer der Sünden oder als Richter, sondern vor allem als Hoherpriester, als Tilger der Sünde und als Stifter der Gerechtigkeit und des Heils verkündet wird, weil er überdies die betrübten Gewissen tröstet und uns beschrieben wird als einer, der nicht auf unsere Seite, sondern vor Gott gestellt ist, wo das vor allem nötig war und wo wir am meisten Angeklagte und Schuldner waren ".[99]

Er schreibt im Präteritum „wir waren Angeklagte und Schuldner". Der rechtmässige Stand des Gläubigen ist fortan ein anderer und Gott selbst hat dies so gewollt und vollbracht. Der Luther der früheren Jahre hätte eine solche Formulierung wohl kaum gewählt.

Was Luther ausdrückt bedeutet, dass Gott in der Person von Jesus Christus auf den Menschen schaut. Zudem sagt er, dass Jesus auf der

---

[99] K. Aland: Luther deutsch, 326.

Seite Gottes stehe, womit er auf die Göttlichkeit Christi anspricht. Es scheint, als habe Luther bisweilen in Jesus mehr die Menschlichkeit vernommen, weshalb er ihm auch lange Zeit in seinem Leiden nacheifern wollte. Nun aber erkennt er: Jesus ist Gott.

6.5.2 Schriftzugang im Hebräerbrief

Wie ich bereits oben erklärte, unterschied sich Luthers neuerer Schriftzugang zu dem der früheren Jahre dadurch, dass er nun Gott, in Person des Heiligen Geistes, darum bat, ihm die Schrift auszulegen. Denn obgleich die Schrift ja bereits Gottes Wort an die Menschen ist, bedarf es noch zusätzlich Gottes Handeln selbst, damit der Mensch auch tatsächlich sein Reden vernimmt.

Luther war nun bewusst, dass er Gott auch dafür nötig hatte, um dessen Worte zu verstehen. Dieser ist es auch, der dann den Glauben bewirkt. Glauben kann aber erst derjenige, der zuvor auch verstanden hat. Somit ist Glauben also nichts menschlich Hervorgebrachtes, sondern ein Wirken Gottes, demnach ein Gnadengeschenk, womit der Mensch Zugang zu den Segnungen Gottes bekommt.

> „Daher bewirkt der Geist in der ganzen Heiligen Schrift vor allem das eine, dass wir Gottes Stimme hören, d.h. daß wir glauben. 'Denn wer da glaubet, wird selig werden' […] Du (Gott) hast mir die Ohren geöffnet, d.h. hast mich dir gehorsam gemacht "[100]

---

[100] K. Aland: Luther deutsch, 326.

6.6 Heilsgewissheit durch Glauben

Einst kam es Luther darauf an, dass der Glaube die Sünde offenbarte. Der Glaube war in sich nicht vollendet oder vollkommen, er wurde es erst, indem er sich mit einer maximalen Unterwürfigkeit verband. An Gewissheit gewann er jedoch nie. Das neue Glaubensverständnis trägt eine Verlässlichkeit in sich, welche es durch das Vertrauen auf Gottes Wort, der Heiligen Schrift, erhalten hat. Glaube in der Römerbriefvorlesung war für Luther noch kein völlig empfangener Glaube, da er durch die „Forderung des totus affectus (die ungeteilte Zuneigung) belastet war"[101]

Dieser neue Glauben ist letztendlich ein sich völliges Verlassen auf die Gnade Gottes und er erwirkt eine Einheit und Gemeinschaft des Menschen mit seinem Schöpfer, bei der „die seel dem gottlichen Wort gleych wirt".[102]

Trotz der oft genannten Heilsgewissheit existiert nicht zwangsläufig auch eine gefühlte Sicherheit. Denn der Gläubige lebt ja weiterhin in einem vom Teufel beeinflussten Umfeld und bleibt daher angefochten. Der Christ soll sich, wie beschrieben, von falschen Gefühlen nicht beeindrucken oder vom rechten Weg abbringen lassen, sondern soll gerade in Leidenszeiten und Lebensstürmen dem niemals wankenden Wort Gottes vertrauen. Wenn er ihm aber vertraut, so glaubt er Gott, denn dieser selbst ist das Wort.

Früher waren Anfechtungen im Leben des Gläubigen eine wertvolle Angelegenheit, die zu ehren und wertzuschätzen waren. Denn mit ihnen wurde immer der Aufruf Jesu, zum Tragen des eigenen Kreuzes aus Mt 10,38 (Und wer nicht sein Kreuz auf sich nimmt und folgt mir nach, der ist meiner nicht wert) verbunden. Der ältere Luther hingegen führt die Anfechtungen auf den Teufel zurück und mahnt daher die Gläubigen, sich diesen Dingen fernzuhalten.

---
101 B.Lohse (Hrsg.) : Der Durchbruch der Reformatorischen Erkenntnis bei Luther, 44.
102 A.Beutel (Hrsg.): Luther Handbuch, 378.

> „War früher die resignatio als Zeichen der Erwählung der Gewissheit gefordert und wurde so der Prädestinationszweifel gelöst, [...] so meint Luther nun, der höchste Grad dieser Anfechtung komme nur selten vor und verwirft die resignatio"[103]

In der Hebräerbriefvorlesung differenziert Luther den Glaubensbegriff nochmal. Wichtig sei nicht nur zu glauben, dass es einen Gott gebe, sondern auch zu erwarten, „daß er die belohnt, die ihn suchen" (Hebr 11,6). Glaube wird also an eine unmittelbare Erwartung geknüpft. Dabei ist es keine Annahme auf Strafe und Verdammnis, sondern es ist die Erwartung, von Gott beschenkt zu werden. Die Bibel sagt mit diesem Vers aus, dass Gott das Vertrauen der Heiligen in ihn über die Maßen honorieren wird; wer dies glaubt, wird es erfahren. Wie bereits besagt, ist dabei der Glaube kein Werk. Er kommt viel mehr von Gott: „Darum ist das, wie man sagt, ein Glauben *von* Gott, nicht aber ein Glauben *an* Gott"[104] Luthers Ausspruch ist weitreichend. Bedeutet er doch, dass jegliches Bemühen des Menschen Gott zu gefallen letztlich nutzlos bleiben muss.

6.7 Disputation zur Erforschung der Wahrheit und zum Trost der angefochtenen Gewissen (1518)

Was Luther bereits mit seiner Vorlesung zum Hebräerbrief angestossen hat, setzt er mit seiner Schrift zur Erforschung der Wahrheit und zum Trost der angefochtenen Gewissen weiterhin fort. Die bereits angesprochene Heilsgewissheit aus ersterer Schrift wird mit der Disputation von 1518 nochmals verstärkt akzentuiert. In seiner zweiten These beschreibt Luther,

---

103 B.Lohse (Hrsg.) : Der Durchbruch der Reformatorischen Erkenntnis bei Luther, 48.
104 K. Aland: Luther deutsch, 333. (Kursive Hervorhebung entsprechen nicht dem Original)

dass die Sündenvergebung ein ruhiges Gewissen erzeuge und es -und dieser Sachverhalt ist sehr bemerkenswert- „die größte aller Strafen, nämlich das schlechte Gewissen"[105], welches infolge des Sündenvergehens entstanden ist, wegnehme.

Letztlich ist dieser erfahrene Frieden beim Gläubigen ein logischer Effekt aus der Versöhnung, die nun zwischen ihm und Gott geschehen ist. Denn der Gläubige weiß nun, dass Gott ihm gegenüber barmherzig ist, restliche Unsicherheiten sind unbegründet. Gott hat sich in der Schrift erklärt, hat sich festgelegt und garantiert darin, Gnade vor Recht ergehen zu lassen.

Dass dem Christen vergeben wird, wenn er Gott darum bittet, ist nicht davon abhängig, inwieweit oder wie sehr er Reue empfindet (eine solche wäre nach These 40 noch nichtmal nötig!) sondern ist allein eine Tatsache des festen Vertrauens auf Gottes Verheißung (etwa aus Mt 16,19: „Was du auf Erden lösen wirst..."). Wer nach Luther darauf vertraut, aufgrund seiner erbrachten Reue Vergebung zu erhalten, verlässt sich letzten Endes auch wieder auf seine menschlich erbrachte Leistung. Die Reue bewirkt aber kein Heil. Würde der Mensch vor Gott nämlich am Tag des Gerichts nicht gerechtfertigt werden, so hieße dies, er hätte zu wenig oder nicht in rechter Weise Reue gezeigt. Es ginge wieder um Menschen- ,nicht aber um Gotteswerk.

In der Hebräerbriefvorlesung ging Luther, wie oben bereits angedeutet, noch recht human mit denjenigen um, die eine feste Zuversicht aus der Schrift heraus nicht erkannten und sie auch nicht lehrten. Er mahnte, solche Prediger mit Vorsicht und Zurückhaltung zu betrachten.[106] Schärfer wird dagegen nun sein Ton in der Disputation von 1518: „Die irren bis zum Unglauben, welche behaupten, die Vergebung der Schuld sei ungewiß wegen der Ungewißheit der Reue"[107] (These 13)

Mögen auch hohe Geistliche, wie die Priester, eine Vergebung noch nicht garantieren können, so tritt der Freispruch Gottes dennoch in Kraft, sobald

---

105 K. Aland: Luther deutsch, 363.
106 K. Aland: Luther deutsch, 322-23.
107 K. Aland: Luther deutsch, 364.

an die Freisprechung geglaubt wird. Ob die Priester die Reue als wahrhaftig einstufen oder nicht, sei nicht entscheidend. Wichtig sei allein, der Glaube, das feste fürwahr halten, an das gewiss machende Wort der Heiligen Schrift.

> „Darum ist's also gewiß: die Sünden sind vergeben, wenn du glaubst, daß sie vergeben sind. Denn die Verheißung Christi, des Heilands, ist gewiß."[108] (These 15)

In den Thesen 23 und 24 spricht Luther über die Rolle der Priester und er bescheinigt ihnen, nicht „Vermittler der Vergebung", sondern lediglich „Diener des Wortes zum Glauben an die Vergebung"[109] zu sein. Die Priester sollen zudem den Menschen nichts Zusätzliches abverlangen, sondern sollen ihm die Vergebung dann aussprechen, wenn diese nur an den persönlichen Freispruch Gottes glauben und diesen begehren. Der äußerliche Freispruch des Priester von den Sünden ist eigentlich das Wirken des Geistes, da nur Gott den Menschen freisprechen kann.[110]

Was in der ersten Psalmvorlesung noch als demütig galt, nämlich noch keinerlei Sicherheit zu vernehmen, verurteilt Luther jetzt gar. Ein Zweifeln an der Absolution, ist ein Zweifeln am Worte Gottes, demnach ein Zweifeln daran, dass Christi Versprechen wahr ist.[111] Die einstige Demut wandelt sich in den Augen Luthers nun in den Vorwurf des Sünders Christi gegenüber, dass sein Wort nicht der Wahrheit entspreche: „Wer daran zweifelt, daß seine Absolution Gott angenehm ist, der zweifelt zugleich auch daran, daß Christus die Wahrheit gesagt habe"[112] (These 17)

Die Disputation von 1518 zeigt einen Luther, der in äußerster Präzision und Klarheit verdeutlicht, dass die Rechtfertigungsfrage allein auf Grundlage des Glaubens geklärt werden kann und der Mensch hiermit durch Gnade zu seinem Heil gelangt. Die letzten Worte dieser Schrift fassen den Kern des Gesagten nochmal zusammen:

---

108 K. Aland: Luther deutsch, 364.
109 K. Aland: Luther deutsch, 365.
110 K. Aland: Luther deutsch, 365.
111 K. Aland: Luther deutsch, 364.
112 K. Aland: Luther deutsch, 364.

„Der Gerechte lebt nicht aus den Werken noch aus dem Gesetz, sondern aus dem Glauben"[113]

6.8 Luthers Gnadenverständnis im Galaterkommentar (1519)

Sehr ausgereift wirkt Luthers Gnadenverständnis im kleinen Galaterkommentar von 1519. Luther legt darin zwei Möglichkeiten der Rechtfertigung dar, wodurch seine Abneigung gegenüber der gesetzlichen Variante spürbar wird. Dies ist der Weg der eigenen Kraft, bei der die guten und angesehenen Verhaltensregeln durch viel menschlichen Fleiß und Ehrgeiz eingeübt werden. Philosophen, kirchliche Amtsträger oder bürgerliche Gesetze vertreten die Meinung, durch gerechtes Handeln gerecht werden zu können. Doch hierin irren sie sich, so Luther. Eine solche Art der Gerechtigkeit hat einen schönen äußeren Schein, empfängt in dieser Welt großen Ruhm und erzeugt zunächst ein Gefühl der Sicherheit. Doch mit dem gesamten Gegenteil wird sie dereinst vom Herrn bewertet werden. Dem gegenüber steht der Weg durch Glauben aus Gnade, bei der der Gläubige an seiner Selbstgerechtigkeit völlig verzweifelt und wie der einsichtige Zöllner aus Lk 18,13 demütig vor Gott niederfällt und bekennt, dass er zutiefst sündig und auf die Gnade Gottes angewiesen ist.[114]

Die beiden dargestellten Wege unterscheiden sich noch in einem weiteren herausstechenden Aspekt, nämlich dem der Motivation. Wer nämlich etwas aus eigener Kraft tut, um sich hiermit die Annahme Gottes zu verdienen, wie im ersten Weg beschrieben, der wird die guten Werke häufig ohne Lust und Liebe tun . Viel mehr vollbringt er sie aufgrund von Zwang. Oder dem moralischen Empfinden, dem Gesetz genügen zu

---

113 K. Aland: Luther deutsch, 367.
114 Vgl. W. Beinert (Hrsg.): Texte zur Theologie – Gnadenlehre II, 37-38..

müssen. Der Gnadenweg hingegen erlebt die Hilfe des Heiligen Geistes und dieser bewirkt Freude und Liebe, um die Taten des Gesetzes zu tun.[115]

> „[...] wie kann sich mit Werken zum Guten bereiten, der kein gut Werk ohn Unlust und Unwillen im Herzen tut? Wie soll des Werk Gott gelüsten, das von unlustigem und widerwilligem Herzen gehet? [...] Der Geist aber macht ein lustig und frei Herz, wie das Gesetz fordert."[116]

Dem Gnadenmenschen wird demnach die Kraft, Freude und was er sonst zum guten Werk des Herrn benötigt, von außen zu teil. Gottes Gnade ist es, die die alte Natur des Menschen, das Fleisch, Stück für Stück abtötet und somit die schlechten Gewohnheiten des Menschen immer mehr entfernt.

> „Daher ohn Zwang willig und lustig wird, jedermann Gutes zu tun, jedermann zu dienen, allerlei zu leiden, Gott zu Lieb und Lob, der ihm solche Gnad erzeugt"[117]

Anders der Gesetzliche, der alles aus eigener Kraft zu bewerkstelligen versucht und letztlich aufgrund seiner Sturheit und Stolzes wegen der Unerfüllbarkeit des Gesetzes scheitern muss.

---

115 Vgl. W. Beinert (Hrsg.): Texte zur Theologie – Gnadenlehre II, 38-42.
116 W. Beinert (Hrsg.): Texte zur Theologie – Gnadenlehre II, 42.
117 W. Beinert (Hrsg.): Texte zur Theologie – Gnadenlehre II, 44.

7. Fazit

„Ich war lange irre, wusste nicht, wie ich drinnen war. Ich wusste wol etwas, oder wusste doch nichts, was es ware..."[118]

Ja, das war das große Problem. Er wußte es nicht. Er hatte keine Ahnung, wie seine Situation von Gott eingeschätzt wurde, weil er nicht wußte, wie er selbst Gott einschätzen sollte und es nichts gab, was ihm diese beängstigende Ungewissheit hätte nehmen können. Nichts war da, nur Angst und Schrecken vor dem zukünftigen Gerichtsspruch. Nur das Trachten in das Angesicht eines unberechenbaren, eines jähzornigen und eines ständig strafenden Gottes.

Zu jener Zeit sieht nicht nur dieser Mann, der den Namen Martin Luther trägt, sondern außer ihm weite Teile Mitteleuropas mit großer Besorgnis dem großen Gericht Jesu entgegen. Überall in der Gesellschaft finden sich hierfür Hinweise und Symboliken, wie etwa das furchteinflössende Gemälde "Das Jüngste Gericht" des Niederländischen Malers Rogier van der Weyden.
Kirchenoberhäupter predigen Angst einflössende Drohbotschaften über den Richterstuhl Gottes und darüber, wie jeder einmal zur Rechenschaft seiner Werke Stellung nehmen müsse. Im Ablasswesen findet die Einschüchterung durch die Katholischen Kirche seinen traurigen Höhepunkt. Bibelverse werden aus dem Zusammenhang gerissen und missbraucht, um den einfachen und ungebildeten Gemeindemitgliedern Angst und Schrecken einzujagen und einem Teil des Klerus ein Leben in Saus und Braus zu ermöglichen.
In Mitten dieser Missstände steht Martin Luther auf und stellt in seinem Eifer für Gott und für die Menschen um ihn herum, die Wahrheit des Evangeliums, der Guten Nachricht, wieder her und proklamiert lautstark, so dass es bis nach Rom tönt, dass die Heiligen nicht aufgrund ihrer Werke, sondern allein wegen ihres Glaubens vor Gott gerechtfertigt

---
[118] B.Lohse (Hrsg.): Der Durchbruch der reformatorischen Erkenntnis bei Luther, 177.

werden. Gott ist ein Gott der Gnade und diese Gnade sagt er demjenigen zu, der ihm vertraut. Das war es, was der Wittenberger Theologe im Gefecht jahrelangem Schriftstudiums ergreift.

Wie in der Einleitung erklärt, möchte ich nun Vergleiche anbringen zwischen dem frühen und dem späteren Gnadenverständnis während der Zeit, in der die reformatorische Wende angesiedelt wird.
Anfangs dachte Luther, nur im Vollzug eines Selbstgerichts durch Buße, der Gerechtigkeit Gottes zuteil werden zu können. Doch dies wandelt sich, indem er begreift, dass er bereits dann gerechtfertigt wird, wenn er allein Gottes Aussage etwa aus Römer 1,17 vertraut, in der es heißt, dass der Gerechte aus Glauben leben wird. Somit hing die Rechtfertigung zu Beginn noch sehr viel vom Handeln des Menschen ab, während diesem später keine Bedeutung mehr beigemessen wird – dies offenbart einen eklatanten Wachstum im Gnadenverständnis.
Selbiges gilt auch für Aspekt des Leidens. Dieser war Luther zu Beginn sehr wichtig und an der Intensität des Leidens machte er auch das Heil abhängig. Später wird auf das Leiden nicht mehr eingegangen, da es zur Rechtfertigung nicht mehr von Bedeutung ist.

Ein Hinzufügen von eigenen Werken, wie das anfangs von Luther für richtig gehalten wurde, um von Gott Gnade zu erhalten, bewirkt hingegen, wie oben erklärt, die Verweigerung des Gnadenzuführung.

> „Gerechtigkeit des Menschen aber kommt nur im sich-geben Gottes in Christus zustande. Genau dieser Charakter wurde negiert, wenn man vom Evangelium gesetzlichen Gebrauch machen wollte. Gott sucht die unmittelbare Gemeinschaft mit dem Menschen gerade dadurch, daß er alle Vermittlungsversuche des Menschen negiert"[119]

Dies führt uns zum sogenannten „Totalaspekt" der göttlichen Rechtfertigung. Er bedeutet, dass eine Annahme nur ganz und gar nicht erfolgen kann, d.h. der Mensch wird entweder in seinem gesamten

---
[119] A.Beutel(Hrsg.): Luther Handbuch, 380

Wesen angenommen, oder nicht. Demzufolge lässt Gott auch seine Gnade dem Menschen nur entweder vollkommen oder gar nicht zukommen. Die Zufügung von Gnade lässt demnach keine weiteren Forderungen Gottes mehr offen.

> „Tut doch die Gnade so viel, daß wir ganz und fur voll gerechtigt vur Gott gerechnet werden, denn seine Gnade teilet und stucket sich nicht, wie die Gaben tun, sondern nimmpt uns ganz und gar auf in die Hulde umb Christus unseres Fürsprechers und Mittlers Willen"[120]

Im Hinblick auf die oben dargebrachte Gnadendefinition heißt dies, dass Luther in den zuletzt von mir betrachteten Jahren hiermit diesen zentralen Aspekt ergreift, nämlich, dass die Gnade nur unverdient empfangen werden kann, also ohne Anrecht ausgeteilt wird.

Ein weiterer Teil der Gnadendefinition ist es, dass diese immer ein freiwilliges Angebot bleiben muss. Inwieweit Luther um 1520 mit diesem Kriterium übereinstimmt, lässt sich nur teilweise damit belegen, dass es keinerlei Hinweise darauf gibt, in denen Luther dazu zwingt, die Gnade anzunehmen, auch wenn er zugleich sehr energisch für sie wirbt. Leider wird sich dies in den folgenden Jahren etwas ändern, wenn Luthers Haltung, den Juden gegenüber zum Ausdruck kommt.

Das lutherische Gnadenverstädnis schmiegt sich sehr eng an die Gottesbetrachtung des Reformators. Luther hatte zunächst eine sehr negative Vorstellung von Gott und seinem Sohn Jesus Christus. Wir erwähnt, sah Luther in Gott einen überaus strengen Richter, dessen Gnade sich darin zeigte, den Menschen zu maßregeln. Ein wesentlich freundliches Gottesbild entwickelt sich bei Luther im Laufe der reformatorischen Wende
Je positiver er Gott wahrnimmt (und erfährt), desto mehr wandelt sich für Luther der Gott, der ihm früher wie ein Dämon vorkam, zu einem Gott der

---
[120] O.H. Pesch, A.Peters: Einführung in die Lehre von Gnade und Rechtfertigung, 143.

Barmherzigkeit und der Güte. Diese Liebe äußert sich zentral in dem gekreuzigten Christus, der nun nicht mehr getrennt vom Vater wahrgenommen wird, sondern ihm gleich ist. Früher konnte seiner Vorstellung nach, der Zorn des Vaters nur dadurch zurückgehalten werden, weil Jesus bereit war, Versöhnung zu erwirken. Nun aber stehen sich Jesus und der Vater nicht mehr diametral entgegen.

> „Der Umsturz in Gott vom Zorn zur Liebe als Bedingung der Möglichkeit des 'fröhlichen Wechsels' zwischen Christus und dem Sünder hat fundamentale Konsequenzen für die christliche Gotteslehre überhaupt, vor allem für die Rede von der Trinität"[121]

In der Gnadendefinition belegte ich mit einem Pesch Zitat, dass sich Gnade in der unbegreiflichen Zuwendung der Liebe Gottes zum Menschen ausdrückt. Offensichtlich begreift Luther die Güte Gottes in den Jahren um ca. 1520 schon recht exakt.

Nachfolger Christi zu sei, das bedeutete für Luther in seiner Frühzeit vor allem, dem Gottes Sohn in seinem Leiden gleich zu werden. Später ändert sich die Vorstellung von Christi Exempel für den Reformator. Zunächst ist es nun wichtig, Christus als alleinigen Heilsbringer zu akzeptieren und dessen Werk für sich glaubend in Anspruch zu nehmen, als ein von Gott kommendes Ursakrament. Erst daraufhin soll der Heilige, dem auf Liebe ausgerichteten Handeln Jesu, nachstreben.

> „Das Hauptstück und Grund des Evangelii ist, daß du Christum zuvor, eh du ihn zum Exempel fassist, aufnehmist und erkennist als ein Gabe und Geschenk, das dir vor Gott geben und allein eigen sei"[122]

Dies bedeutet ganz konkret für das spätere Gnadenverständnis, dass nun die Gnade vor den Werken steht.

Solus Christus ist für Luther zum wachsenden Gnadenverständnis von

---

[121] Vgl. O.Bayer: M.Luthers Theologie, 193.
[122] O.H. Pesch, A.Peters: Einführung in die Lehre von Gnade und Rechtfertigung, 144.

großer Bedeutung und dieser wird mit der Hebräerbriefvorlesung (Christus als Hoherpriester) und insbesondere mit dem Sermon von der doppelten Gerechtigkeit hervorgehoben. Ohne der Akzentuierung von Christus ist es fragwürdig, ob Luther bereits zum Durchbruch in der reformatorischen Wende gelangt sein kann, denn dieser ist es schließlich, dem er das Heil zu verdanken hat und aus welchem die Gnade letztlich hervorgeht.

Dass Luther diesem gnädigen Gott einmal leidenschaftliche Dankes- und Lobeshymnen singen würde, wie dies etwa sehr eingehend im Lied „Nun freut euch, liebeChisteng'mein' geschah, war Jahre zuvor noch völlig undenkbar und ist ein Zeichens dafür, wie sehr er nun weitaus mehr in Gott einen Freund, Vater, Beistand und Helfer wahrnimmt. Eben als jemanden, der nicht gegen, sondern für ihn ist.

8. Abschluss

Zu guter letzt bleibt mir noch eine Frage zu klären, die mich persönlich betrifft. Ich möchte dazu Bezug nehmen, was Luthers Gnandenverstädnis während der reformatorischen Wende mit mir, einem werdenden Grundschullehrer, zu tun hat. Denn dies ist ja nicht unbedingt sofort zu erschließen. Um auf die Frage zu antworten, möchte ich diese Arbeit genauso abschließen, wie ich sie begonnen habe, nämlich mit einer biblischen Geschichte. Es handelt sich um die Begebenheit[i] einer Frau, welche soeben beim Ehebruch erwischt worden war und die von Schriftgelehrten und Pharisäern zu Jesus gebracht wird. Daraufhin berichten sie ihm, was geschehen ist und verweisen auf das Gesetz des Mose, welches in solchen Fällen zur Steinigung aufruft. Von Jesus erwarten sie nun eine Stellungnahme. Doch dessen Reaktion ist überraschend und höchst bewundernswert zugleich. Er bückt sich, schreibt etwas in den Sand, um sich anschließend wieder aufzurichten

---
i Sinngemäße Nacherzählung aus Joh 8,2-11

und ihnen zu erwidern: „Wer von Euch ohne Sünde ist, werfe als Erster einen Stein auf sie."(Joh 8,7) Die Gruppe ist verwundert und trottet schließlich einer nach dem anderen ab. Damit hatten sie nicht gerechnet, sie fühlen sich ihres Hochmuts überführt. Nachdem die geistliche Elite aus Einsicht vor den eigenen Fehlern den Platz verlassen hat, entgegnet Jesus der Frau: „Auch ich verurteile dich nicht. Geh hin und sündige von jetzt an nicht mehr." Jesu Verhalten berührt mich. Seine Barmherzigkeit der Frau gegenüber, welche ja tatsächlich einen schweren Fehler begangen hatte, ist so erstaunlich liebevoll.

Eine solche Einstellung findet man in der heutigen Welt nicht häufig vor. Ebenso verständnisvoll und mitfühlend möchte ich den Kindern in der Schule begegnen. Auch sie werden über die Strenge schlagen und Fehler machen, z.T. vielleicht sogar sehr bedeutungstragende. Aber in all dem wünsche ich mir von mir selber, die Kinder nicht aufzugeben oder „abzustempeln", sondern immer an sie zu glauben, für sie zu hoffen und sie zu lieben.[j] Ich möchte bei den Kindern nicht bewirken, dass sie aus Angst vor Strafe die Dinge richtig machen, sondern viel mehr liegt es mir am Herzen, dass sie verstehen, warum etwas nicht richtig ist und es daher nicht machen, auch wenn dies im pädagogischen Alltag nicht immer leicht ist. Die obige Geschichte hätte keinen Sinn, wenn sie nicht die Einstellung der Frau geändert hätte und dazu geführt hätte, dass sie ihrem Ehemann in Zukunft treu geblieben ist.

Die Gnade Gottes meint in meinen Augen nicht bloß eine nüchterne Einstellung Gottes, seinen Geschöpfen Fehlverhalten nicht anzurechnen, sondern zeigt sich an seiner leidenschaftlich erbarmenden Liebe seinen Freunden, ja seinen Kindern, gegenüber. Oftmals nimmt man zwischen Jesus und Gott Vater eine Trennung vor. Aber dies lässt sich anhand des Evangeliums nicht begründen, denn Jesus selber behauptet: „Wer mich sieht, sieht den Vater" (Joh 14,9). Wenn Gott und Jesus eins sind, so ist an Jesu Verhalten zu erschließen, wie Gott der Vater denkt, fühlt und handelt. Zugang zur Erfahrung dieses barmherzigen Gottes, ist Luthers große Erkenntnis vom gnädigen Gott.

---

j   Mein Verhalten soll nicht mit Naivität oder Gleichgültigkeit verwechselt werden. Ich vertrete nicht die Ansicht, dass Fehler keine Konsequenzen haben sollen.

Literaturverzeichnis

Primärliteratur

Aland, Kurt (Hrsg.): Luther deutsch. Die Werke Martin Luthers in neuer Auswahl für die Gegenwart. Bd 1. Stuttgart, Göttingen 1969.

Sekundärliteratur

Bayer, Oswald: Martin Luthers Theologie. Tübingen 2003.

Bayer, Oswald: Promissio; Geschichte der reformatorischen Wende in Luthers Theologie. Darmstadt 1989.

Beinert, Wolfgang (Hrsg.): Texte zur Theologie; Gnadenlehre I. Graz, Wien, Köln 1996.

Beutel, Albrecht (Hrsg.): Luther Handbuch, Tübingen 2005.

Bertz,Hans Dieter; Browning,Don S.; Janowki,Bernd; Jüngel,Eberhard (Hrsg.): Religion in Geschichte und Gegenwart. Handwörterbuch für Theologie und Religionswissenschaft, Vierte, völlig neu bearbeitete Auflage, Tübingen 2000.

Burkhardt,Helmut; Swarat, Uwe (Hrsg.): Evangelisches Lexikon für Theologie und Gemeinde, Band 2. Wuppertal, Zürich 1991.

Ebeling, Gerhard: Luther. Einführung in sein Denken, 4. Auflage, Tübingen 1981.

Eicher, Peter (Hrsg.): Neues Handbuch theologischer Grundbegriffe. München 1991.

Lohse, Bernhard (Hrsg.) : Der Durchbruch der Reformatorischen Erkenntnis bei Luther – Neuere Untersuchungen. Stuttgart 1988.

Pesch, Otto Hermann; Peters, Albert : Einführung in die Lehre von Gnade und Rechtfertigung. Darmstadt 1981.

Schwarz, Reinhard: Fides, Spes und Caritas beim jungen Luther. Berlin 1962.

Wriedt, Markus . Gnade und Erwählung. Mainz 1991.

Zumkeller, Adolar: Erbsünde, Gnade, Rechtfertigung und Verdienst nachder Lehre der Erfurter Augustinertheologen des Spätmittelalters. Würzburg 1984.

Zur Mühlen, Karl-Heinz: Nos Extra Nos; Luthers Theologie zwischen Mystik und Scholastik. Tübingen 1972.

Onlinequellen

Dr. Theobald Beer: Anfang der Theologie Luthers

http://www.siewerthakademie.de/dokumente/8_Im_Ringen_um_die_Wahrheit.pdf
(Abgerufen am am 30.11.2012)

Prof. Dr. Volker Stolle: Die Schlüssel des Himmelreichs Luthers Interpretation von Matthäus 16,19 in seiner Auseinandersetzung mit dem Papsttum

http://141.51.48.53/nh/selk/FO/Stolle/Aufsatz_Schluesselamt_CB_VS_2007_2011_Stolle.pdf (Abgerufen am am 15.10.2012)